Le manuel du bitcoin

Concepts clés en économie, technologie et psychologie

À mes enfants,

puissiez-vous conserver à juste titre
les fruits de votre labeur sans subir de
dévaluation sournoise.

Anil Patel

@anilsaidso

SOMMAIRE

Cela peut sembler égoïste, mais je n'ai pas écrit ce livre pour vous.

Je l'ai écrit pour moi.

Bitcoin présente de multiples facettes. Pour l'appréhender correctement, il est nécessaire d'adopter une approche pluridisciplinaire tout en partant des principes de base.

C'est pourquoi j'ai commencé à acquérir des connaissances sur la technologie monétaire et les réseaux de communication, afin de regrouper toutes ces ressources dans un manuel unique.

Ce processus m'a obligé à rechercher, à rassembler et à synthétiser de grandes quantités d'informations. De nombreux blocs-notes ont été remplis, dont une bonne partie a fini par être supprimée. J'étais obsédé par l'idée d'éliminer tout ce qui n'était pas essentiel afin d'obtenir une vue d'ensemble claire, nette et précise.

Le résultat est un ouvrage de référence concis, intemporel et défendable. Bien qu'il puisse être lu d'une traite, j'espère que vous prendrez votre temps pour réfléchir au contenu, en le reliant à des expériences uniques de votre vie. C'est ainsi que la compréhension est consolidée.

Si la table des matières vous semble intimidante au premier abord, soyez rassuré : ce livre est dépourvu de jargon et de complexité inutile (l'auteur n'a aucun intérêt à paraître intelligent).

L'ensemble de ces concepts essentiels vous servira à mieux comprendre le monde, à une période où les changements technologiques ne cessent de s'accélérer.

Je vous souhaite une bonne lecture.

Aucune information contenue dans ce livre ne doit être considérée comme un conseil financier, fiscal ou juridique.

Notre cadre de référence guide nos pensées, nos paroles et nos actions qui forment notre réalité. Nous ne nous en rendons peut-être pas compte, mais nous contrôlons notre cadre de référence dans la mesure où nous sommes les seuls à pouvoir le modifier. Chacune de nos vies est le reflet – avec un décalage dans le temps – de ces pensées, croyances et actions. Notre société est formée par une réalité partagée de ces dernières. C'est ce qui crée la mosaïque magnifique, imprévisible et souvent chaotique de la vie.

Régulièrement, notre cadre ne permet pas d'obtenir les résultats souhaités. Mais au lieu de porter un regard critique sur notre propre pensée, nous nous tournons le plus souvent vers ceux qui renforcent nos propres croyances, découvrant rarement la magie de ce qui peut se trouver en dehors de notre cadre de référence.

Si le cadre de référence en question était un système économique qui soutenait toutes les autres propriétés émergentes de notre réalité commune et de chaque personne qui la compose, ce serait pour le moins déconcertant.
D'autant plus que notre cadre de référence pourrait être erroné. Un problème de système ne pourrait pas être résolu par le système qui crée le problème, et pourtant nous le manquerions probablement en le mesurant à travers ce système.

C'est là qu'entre en jeu le terrier du lapin blanc de bitcoin. Un réseau émergent totalement décentralisé et sécurisé, qui se situe en dehors du système existant. Pour les personnes ouvertes et curieuses, il s'agit d'un chemin d'apprentissage presque sans fin à travers l'économie, la théorie des jeux, l'énergie, la physique, la technologie, la théorie des systèmes, la philosophie et la psychologie. Et au bout de ce fameux terrier, on aperçoit la conviction de ses partisans, de plus en plus nombreux, sur les raisons de son importance pour l'humanité. Ce qui explique pourquoi ce sujet est si controversé pour ceux qui n'ont pas encore fait le voyage.

Différents cadres du monde en concurrence pour les pensées, les mots et les actions. Un cadre actuel pour la façon dont le monde est organisé aujourd'hui : enraciné dans la coercition, le contrôle et la pénurie. Et un nouveau cadre fondé sur le réseau émergent qu'est bitcoin : ancré dans la vérité, l'espoir et l'abondance.

Vous vous devez d'explorer avec un esprit ouvert pour déterminer si vous êtes dans le bon cadre.

PARTIE I:
Économie

RARETÉ

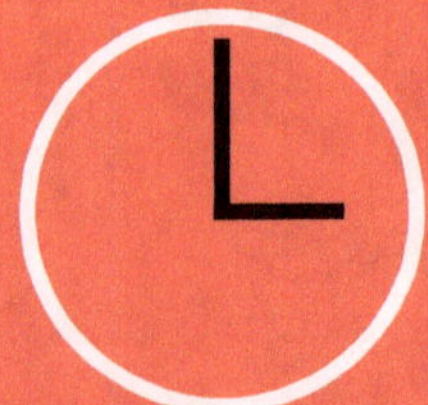

Comment les ressources limitées sont réparties et convoitées.

Les ressources rares incitent à la concurrence pour leur possession, reflétée par le prix dans un marché libre. De nombreuses choses autrefois rares, telles que les calories, les textiles et les informations, sont maintenant abondantes grâce à l'innovation.

Une marchandise peut devenir de plus en plus rare si la demande en tant qu'intrant industriel augmente plus rapidement que l'offre ne se renouvelle. Inversement, la monnaie est généralement choisie par le marché comme la chose la plus liquide et la plus vendable*, et dont la valeur est soutenue par sa rareté inhérente.

Le caractère rare de la monnaie incite à créer l'abondance dans d'autres domaines car elle fournit un mécanisme fiable de stockage de la valeur

Bitcoin est une invention qui a permis de créer une rareté numérique, facilement vérifiable. Auparavant, cela était impossible. Son offre totale maximale est prédéterminée, imposée par un consensus décentralisé. Bitcoin est ainsi absolument rare, puisqu'il n'existe pas de niveau de rareté au-delà de la rareté absolue.

---

* Vendabilité : Néologisme qui a été retenu pour traduire « salability » qui n'a pas d'équivalent en français. Un bien vendable est un bien qui (1) conserve sa valeur à travers le temps et (2) que l'on peut transférer avec facilité.

« La première leçon de l'économie est la rareté : rien n'est jamais suffisant pour satisfaire toute la demande. La première leçon de la politique est de ne pas tenir compte de la première leçon d'économie. »
- THOMAS SOWELL

RARETÉ

PRIME MONÉTAIRE

La valeur supplémentaire commandée par un bien pour sa capacité à remplir les fonctions de la monnaie en plus de ses autres utilisations.

Lorsque le caractère rare de la monnaie se dégrade, sa capacité à stocker de la valeur de manière fiable commence à s'effondrer.

Jusqu'à ce qu'une nouvelle forme de monnaie émerge, d'autres actifs et ressources rares comblent provisoirement ce vide sur le marché, attirant ainsi une certaine prime monétaire.

« Lorsque la monnaie dominante arrive en phase terminale, nous assistons à la monétisation à court terme de tout le reste. »

- TUUR DEMEESTER

Ces primes monétaires finissent par disparaître avec l'arrivée d'une forme de monnaie supérieure (possédant des propriétés monétaires plus désirables).

VIJAY BOYAPATI 

« Une caractéristique commune à tous les biens monétaires est que leur pouvoir d'achat est supérieur à ce qui peut être justifié par leur seule valeur d'usage. En effet, de nombreuses monnaies historiques n'avaient aucune valeur d'usage. La différence entre le pouvoir d'achat d'un bien monétaire et la valeur d'échange qu'il pourrait obtenir pour son utilité inhérente peut être considérée comme une « prime monétaire ». »

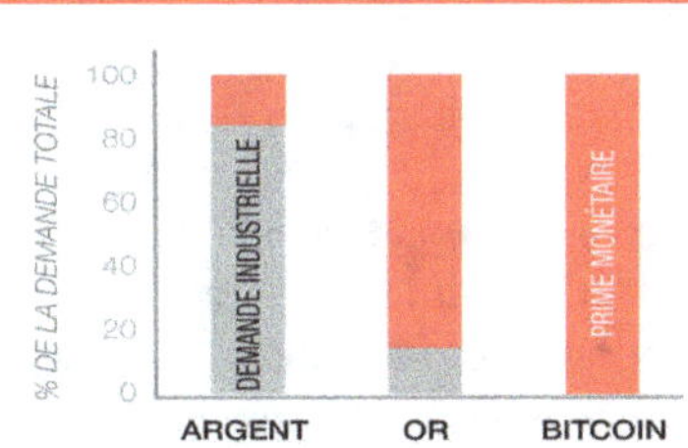

SOURCE : "UN SCENARIO OPTIMISTE POUR BITCOIN PAR VIJAY BOYAPATI

LA LOI DE GRESHAM

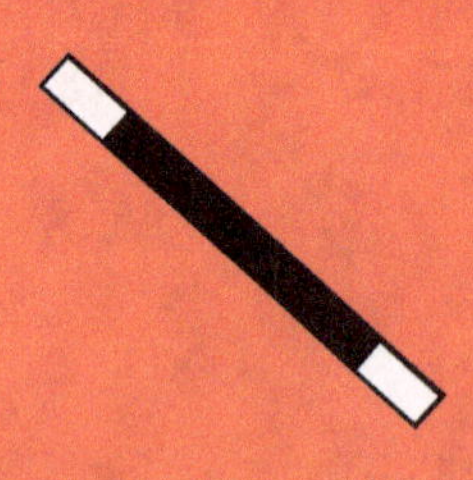

La loi de Gresham nous explique le comportement rationnel des gens lorsque deux monnaies marchandises circulent en même temps. Celle qui possède la plus grande valeur sera épargnée, et l'autre sera dépensée.

« La pérennité, la stabilité et la haute qualité ont été les attributs des grandes monnaies qui ont gagné la concurrence pour être utilisées comme monnaies internationales. »

- ROBERT MUNDELL

Lorsqu'il était au service de la reine Élisabeth Ire, Gresham a fait la distinction entre la « bonne » et la « mauvaise » monnaie à l'époque où les métaux précieux circulaient comme monnaie en Grande-Bretagne sous Henri VIII. Il a remarqué que la baisse de la qualité des nouvelles pièces (faible teneur en métaux précieux) a abouti à la conservation de pièces plus anciennes et plus pures.

Une baisse de la pureté de la monnaie entraînerait de façon prévisible une baisse de la confiance envers l'émetteur.

THOMAS GRESHAM

« Les bonnes et mauvaises pièces ne peuvent circuler ensemble. »

Teneur en argent d'un *penny*

| 1526 | 1545 | 1546 |

LA LOI DE GRESHAM

Bien qu'à l'origine, ce concept concerne la monnaie physique, la loi de Gresham peut être appliquée aux monnaies fiduciaires où la dégradation se produit par le biais de l'inflation de l'offre.

Maintenant que bitcoin offre une unité monétaire concurrente permettant une plus grande confiance dans la préservation de la richesse à long terme, on voit apparaître une tendance naturelle qui consiste à épargner en bitcoins et à dépenser en monnaie fiat.

« En soi, la déclaration générale selon laquelle "la bonne monnaie chasse la mauvaise" est la proposition empirique la plus correcte. Historiquement, ce sont les bonnes et fortes devises qui ont chassé les mauvaises et faibles devises. Les florins, ducats et sequins des cités-États italiennes ne sont pas devenus les "dollars du Moyen-Age" par hasard. »

- ROBERT MUNDELL

LA LOI DE THIERS

En l'absence de lois sur le cours légal, la monnaie qui ne préserve pas la valeur sera rejetée au profit de formes de monnaies supérieures.

La loi de Thiers suppose qu'à partir d'un certain seuil, les lois sur le cours légal qui tentent d'imposer l'utilisation d'une forme de monnaie dépréciée pour une valeur nominale spécifique seront ignorées.

L'EFFET CANTILLON

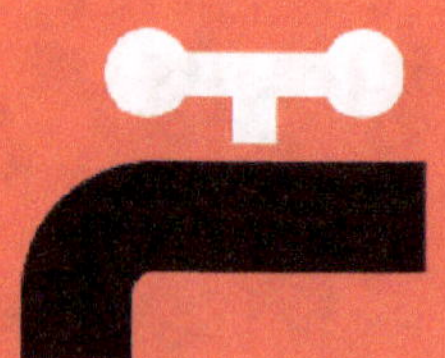

Les nouvelles unités monétaires créent une inflation disproportionnée des prix lorsqu'elles sont introduites dans une économie, en fonction de la façon dont laquelle elles seront dépensées.

Cantillon a étudié la manière dont laquelle les nouvelles unités monétaires sont distribuées dans une économie. Il en a conclu que les premiers bénéficiaires jouissent d'un niveau de vie plus élevé au détriment des bénéficiaires ultérieurs. Cela est dû à leurs préférences uniques en matière de dépenses, qui entraînent une hausse disproportionnée des prix (inflation relative) entre les biens d'une économie.

Bien que Cantillon ait énoncé ce concept à une époque où circulaient des monnaies marchandises (or et argent), son point de vue est encore plus pertinent à l'ère de la monnaie fiduciaire. Comme on pouvait s'y attendre, l'impression illimitée de monnaie combinée à la suppression des taux d'intérêt a fait grimper en flèche les prix des actifs, ce qui a profité aux propriétaires, mais aussi à ceux qui ont une facilité d'accès au crédit.

RICHARD CANTILLON

« Peu importe qui obtient les nouveaux fonds… Ils seront utilisés pour acheter des biens ou des services, en fonction des préférences des premiers bénéficiaires privilégiés. Les prix du marché augmenteront plus vite pour certains que pour d'autres. »

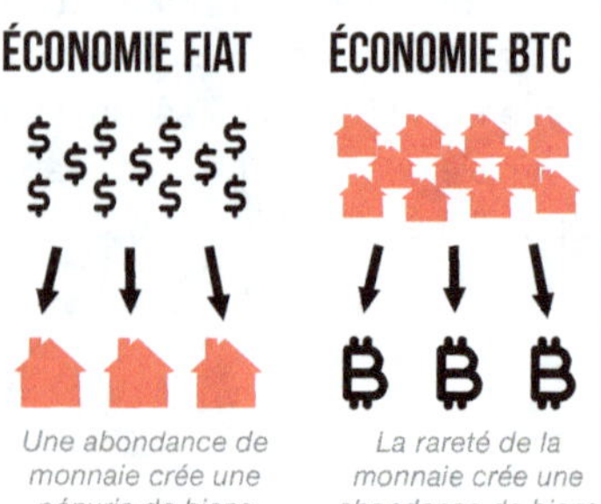

Une abondance de monnaie crée une pénurie de biens

La rareté de la monnaie crée une abondance de biens

L'EFFET CANTILLON

Bitcoin offre une solution alternative grâce à sa masse monétaire parfaitement inélastique. Il est impossible de réduire son pouvoir d'achat par le biais de la dilution, et l'absence d'autorité centrale d'émission signifie qu'il n'y a personne à influencer ou sur qui faire pression.

« La production de monnaie… redistribue le revenu réel des derniers propriétaires de la nouvelle monnaie vers les premiers. »

- JÖRG GUIDO HÜLSMANN

Un système monétaire fiduciaire avec des objectifs arbitraires d'inflation des prix va également à l'encontre de la nature déflationniste de la technologie, privant la société de gains de productivité. Une fois cette vérité comprise, l'utilisation de la monnaie fiduciaire comme réserve de valeur cesse d'être une option viable à long terme. Nous pouvons observer une migration lente mais régulière des utilisateurs de monnaie fiduciaire vers bitcoin, à mesure que la confiance dans les institutions centralisées se dégrade.

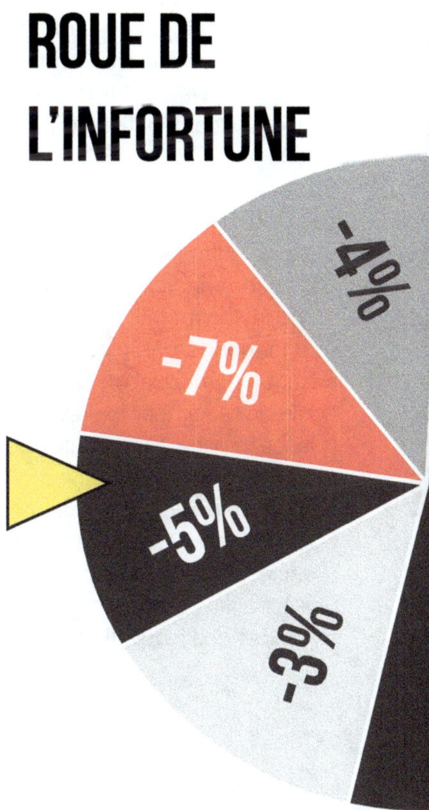

POINT DE SCHELLING

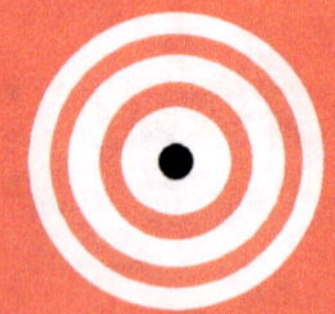

Une solution que les gens ont tendance à choisir, par défaut, en l'absence de communication.

Dans les jeux coopératifs multi-joueurs, le succès d'un joueur dépend de sa capacité à anticiper les choix des autres. Faire un mauvais choix peut entraîner une conséquence négative ou faire perdre un avantage.

La façon dont nous communiquons les uns avec les autres suit une logique similaire, car la communication n'est autre qu'un grand jeu coopératif multi-joueurs, auquel tout le monde participe sur le même réseau. La normalisation des protocoles de communication (par exemple les courriels, le langage parlé, l'argent etc.) nous permet d'interagir efficacement avec le plus grand nombre de participants et le moins de frictions possible. Cela présente de nombreux avantages évidents tels que l'augmentation des échanges commerciaux, des connaissances et de l'innovation.

Dans le domaine numérique (en l'absence de lois sur le cours légal), la convergence se fera vers la monnaie qui communique le plus précisément les signaux de prix, permettant la meilleure coordination entre les acteurs du marché. Cette option devient la valeur par défaut – point de Schelling – au fil du temps, à mesure que l'on s'attend à ce que les autres la choisissent également.

« Les gens empiètent sur les autres et s'adaptent aux autres. Les actions de tout un chacun ont une influence sur les actions d'autrui. »

« L'argent facilite l'évolution sociale en augmentant les opportunités d'échange. »
- NICK SZABO

Bitcoin est un protocole d'échange de valeur qui présente un avantage crucial par rapport au système fiduciaire en raison de sa quantité finale limitée. Le pouvoir d'achat des monnaies fiduciaires diminue généralement au fil du temps en raison des incitations à l'émission monétaire (inflation) ; pendant ce temps, bitcoin continue d'augmenter son pouvoir d'achat en termes réels depuis une décennie.

Si l'on ajoute à cela l'immutabilité du registre des transactions et les avantages offerts par le réseau (c'est-à-dire libre d'accès, mondial et indestructible), bitcoin deviendra naturellement un point de Schelling monétaire.

$$\sum_{i=0}^{32} 210{,}000 \, \frac{50}{2^{i}}$$

COÛT D'OPPORTUNITÉ

Le coût d'opportunité permet de mesurer la différence relative entre deux décisions (financières ou non).

Ce concept économique est un outil indispensable à la prise de décision. Invisible, il permet d'évaluer la pertinence d'une décision entre plusieurs choix. Bitcoin, en tant que méthode supérieure de stockage de valeur à long terme (c'est-à-dire d'épargne), a établi une nouvelle référence pour les décisions d'investissement.

« Lorsque la monnaie est saine et peut s'apprécier, les individus sont susceptibles d'être très vigilants quant à leurs dépenses dans la mesure où le coût d'opportunité s'apprécie au fil du temps. »

– SAIFEDEAN AMMOUS

Si les rendements annualisés de bitcoin au cours de la dernière décennie ont été impressionnants, ils ont été réalisés par des détenteurs qui ont renoncé à utiliser ce capital pour d'autres raisons ou opportunités, en raison d'une conviction fondée sur des principes de base.

« Dans un contexte inflationniste comme le nôtre, il n'est tout simplement pas possible d'économiser de l'argent. Tout le monde est soit forcé d'investir, soit de voir son épargne fondre. »

– MORGEN ROCHARD

Alors que la conception pernicieuse du système fiduciaire continue de faire peser sur l'individu le poids de la conservation de son patrimoine, la prise de décisions financières judicieuses n'a jamais été aussi importante.

COÛT D'OPPORTUNITÉ

PRÉFÉRENCE TEMPORELLE

La mesure selon laquelle une personne accorde de l'importance au présent par rapport au futur.

L'horizon temporel dans lequel nous nous projetons affecte les décisions que nous prenons. Le degré de valorisation du présent par rapport au futur est connu sous le nom de préférence temporelle.

« Car les humains ne vivent pas éternellement… ils accordent plus d'importance pour le présent que pour l'avenir. »

- SAIFEDEAN AMMOUS

L'optimisation à court terme conduit à la recherche d'une gratification instantanée et à la prise de décisions court-termistes. En revanche, l'optimisation à long terme retarde la consommation actuelle afin d'investir des ressources dans des activités plus productives, dans l'espérance d'un bénéfice futur.

Plusieurs facteurs influencent la préférence temporelle d'une personne : la sécurité personnelle, les taux d'imposition, les droits de propriété, la possibilité de stocker de la valeur de manière fiable, etc.

La qualité de la monnaie dans le temps joue un rôle essentiel en permettant et en incitant les individus (et les entreprises) à épargner, à planifier et à investir pour l'avenir. Dans une économie fiduciaire mondialisée, l'accès au crédit est crucial, car la croissance à court terme est récompensée par rapport à la rentabilité à long terme.

Il est important de noter que la préférence temporelle n'est pas un choix binaire, mais peut varier selon les situations. Les incitations de notre environnement, en constante évolution, influencent nos actions.

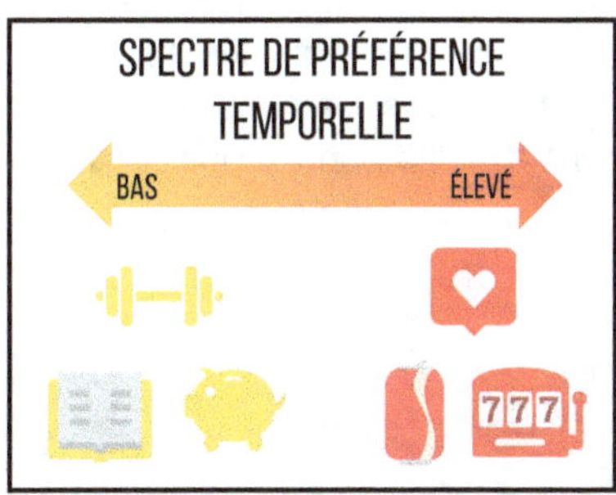

TRIANGLE D'IN-COMPATIBILITÉ

Une nation souveraine peut à la fois avoir des flux de capitaux libres, une politique monétaire indépendante et un taux de change fixe.

Le triangle d'incompatibilité (également connue sous le nom de triangle de Mundell-Fleming) rappelle fermement aux institutions les compromis nécessaires quant à la définition de la politique monétaire internationale. Ce concept affirme que les nations souveraines ne peuvent choisir que deux des trois options suivantes :

- taux de change fixes ;
- libre circulation des capitaux ;
- politique monétaire indépendante.

Les capitaux sont de plus en plus mobiles et se dirigent où ils sont les mieux traités. D'après le modèle de Mundell de 1963 (qui n'était qu'une théorie à l'époque), la direction générale à prendre était celle d'une mobilité parfaite des capitaux.

« Le climat économique international a évolué dans le sens de l'intégration financière, ce qui a d'importantes répercussions sur la politique économique. »

Aujourd'hui, bitcoin apporte de nouvelles idées à cette théorie. En tant que technologie de stockage et de transfert de valeur véritablement sans frontières et immuable, il représente une forme de capital parfaitement mobile. Cela modifie fondamentalement la logique et le pouvoir des nations souveraines de diriger la politique monétaire internationale.

TRIANGLE D'INCOMPATIBILITÉ

« Les taux de change fixes entre devises se détachent inévitablement. Les marchés libres finissent toujours par gagner. Ce n'est qu'une question de temps. »
- CAITLIN LONG

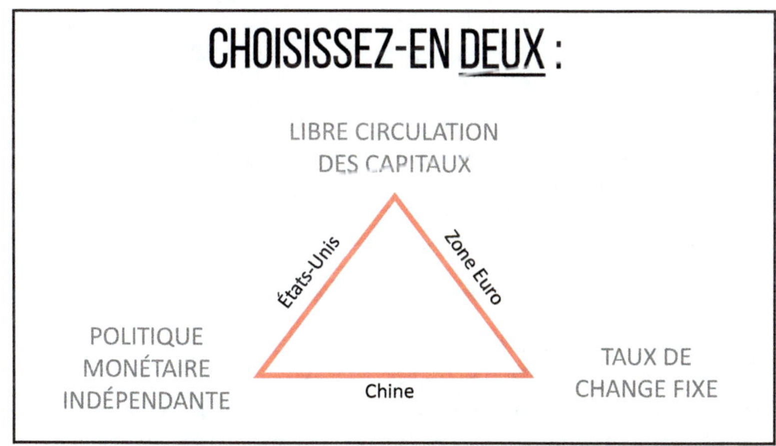

LE PARADOXE DE JEVONS

L'observation selon laquelle la consommation d'une ressource augmente lorsque des gains de productivité sont réalisés grâce à l'utilisation de cette ressource..

Lorsqu'une ressource rare devient plus abondante, on peut s'attendre à en consommer davantage en raison de la baisse des coûts. Cela peut provenir de la découverte de nouveaux gisements ou de nouvelles méthodes d'extraction, mais aussi de l'augmentation de l'efficacité avec laquelle une ressource est consommée (obtenir un meilleur résultat avec le même intrant).

Les gains d'efficacité dans la consommation ont le même effet que l'augmentation de l'offre : la demande de ressources augmente. Il s'agit du paradoxe de Jevons, et ce concept est particulièrement visible dans le secteur de l'énergie.

À la fin des années 1700, le public anglais pensait que les gisements de charbon étaient limités et qu'ils s'épuisaient plus vite qu'ils ne se reconstituaient. Mais les contraintes entraînent l'innovation, et la machine à vapeur de James Watt allait bientôt élargir considérablement le rôle du charbon en tant que source d'énergie.

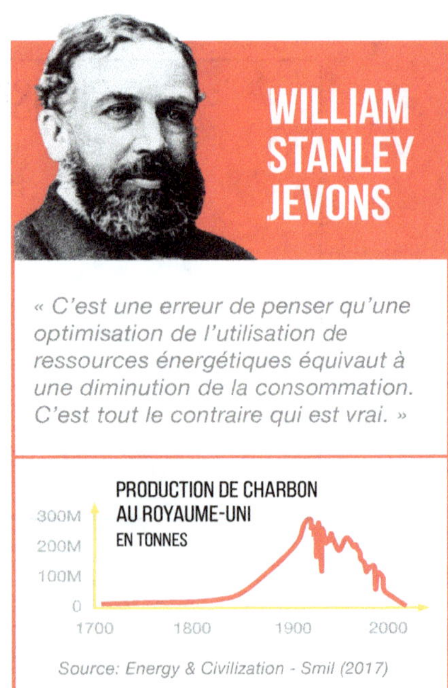

Source: Energy & Civilization - Smil (2017)

William Jevons a anticipé les répercussions probables de la machine à vapeur de Watt sur l'augmentation de la demande de charbon. Les décennies suivantes allaient lui donner raison, le charbon devenant indispensable dans l'industrie manufacturière, les transports et même l'exploitation des mines de charbon.

LE PARADOXE DE JEVONS

La relation entre l'énergie, et l'argent est indéniable et inéluctable. Tout au long de l'histoire moderne, de nombreuses personnes ont proposé une monnaie liée à l'énergie afin d'éliminer le contrôle centralisé et l'aléa mora. Pourtant, personne n'a été en mesure de concevoir ou de mettre en œuvre cette monnaie avec succès. C'est là qu'intervient Satoshi Nakamoto.

Le mécanisme de consensus de bitcoin, fondé sur la preuve de travail, fournit une incitation économique à exploiter les ressources énergétiques de la manière la plus efficace possible, déterminé par l'individu qui en a supporté le coût d'acquisition.

Si l'utilisation de l'énergie par bitcoin comme mécanisme de sécurité est souvent la cible de critiques, celles-ci partent souvent du principe que toute l'énergie disponible dans le monde serait connue, limitée ou finie. Cela suppose que les humains seraient incapables d'innover pour augmenter la puissance générée par une même source d'énergie, ce qui, comme nous le savons, est faux.

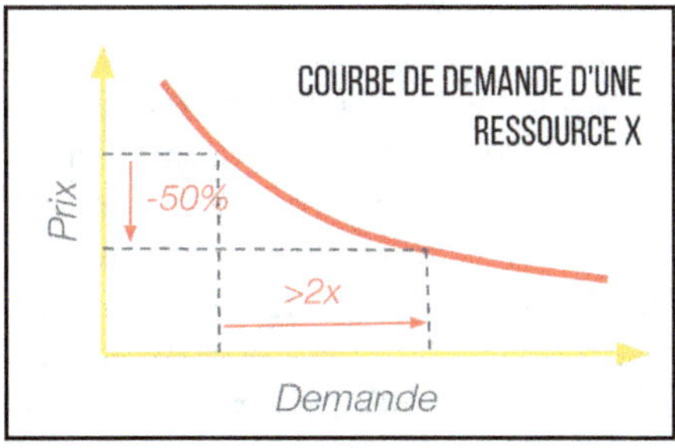

LOIS DU POUVOIR

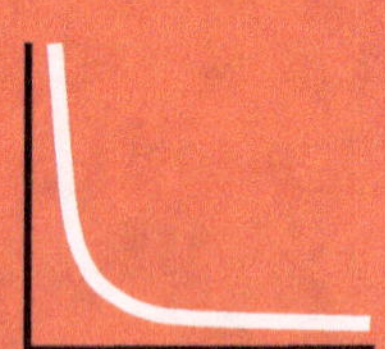

Les relations entre deux qualités, dans lesquelles les changements de l'une entraînent un changement relatif proportionnel de l'autre.

Les lois du pouvoir peuvent aider à expliquer la corrélation dans certaines relations non linéaires et sont présentes dans divers domaines, de la linguistique à la biologie en passant par l'astronomie. L'idée de base est que de petits changements dans une chose entraînent de grands changements dans une autre à un rythme relativement constant.

En économie, le pouvoir est souvent représenté graphiquement sous la forme de distributions de probabilités. L'un des exemples les plus connus est le principe de Pareto (alias la loi des 80-20), selon lequel environ 80 % des résultats peuvent être attribués à 20 % des facteurs de production. En appliquant ce principe à un marché, on obtient un scénario dans lequel 20 % des producteurs détiennent 80 % des parts de marché, ce qui donne lieu à une queue lourde de distribution.

Des distributions similaires (même si elles ne sont pas strictement des lois de pouvoir) peuvent être observées dans divers aspects de bitcoin : les coopératives de minage attirant la puissance de hachage, les ventes de portefeuilles matériels par les fabricants, la distribution des bitcoins détenus par l'ensemble des adresses, etc.

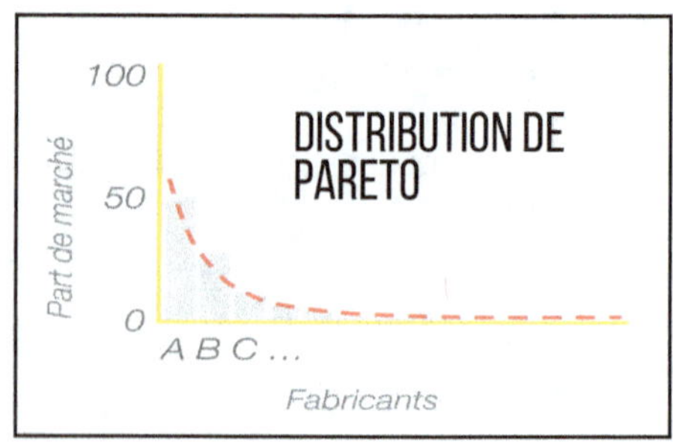

LOIS DU POUVOIR

LORSQUE LE GAGNANT RAFLE LA MISE

Des avantages mineurs par rapport aux concurrents permettent parfois de s'emparer de la totalité ou de la majeure partie du marché.

Certains marchés sont des compétitions où un seul acteur domine ses concurrents pour rafler toute la mise. Dans ces situations, des avantages mineurs en termes de performance ou de valeur fournie peuvent permettre de s'emparer de la totalité des parts de marché.

« L'argent est un réseau. Certains réseaux sont singuliers, c'est-à-dire qu'ils font émerger un unique vainqueur. L'argent est un tel réseau. »

- GIGI

Cela se produit particulièrement lorsque la convergence vers une norme commune offre aux utilisateurs le plus grand avantage, stimulant ainsi les effets de réseau (voir le point de Schelling).

Les êtres humains se tournent naturellement vers l'utilisation d'une monnaie commune au sein d'une région définie dans un marché libre, parce qu'elle nous offre la plus grande optionalité parmi le plus grand nombre de partenaires commerciaux et la plus grande liquidité. L'unanimité est dans notre intérêt.

« En fin de compte, les systèmes monétaires convergent vers un seul support parce que leur utilité est la liquidité… Et la liquidité se consolide autour de la réserve de valeur la plus sûre et la plus durable. »

- PARKER LEWIS

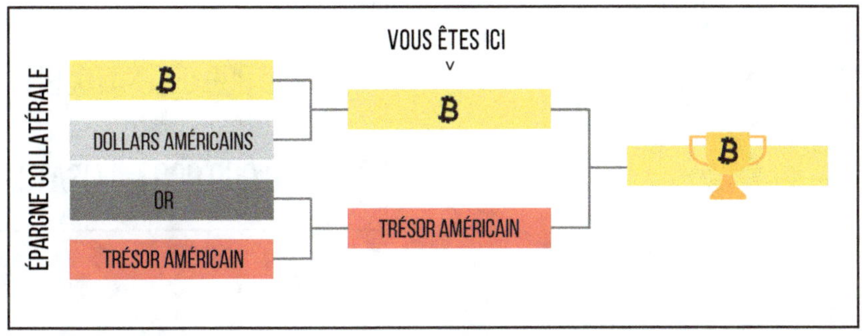

BIAIS DE L'UNITÉ

La tendance des gens à vouloir posséder une unité entière d'une chose ou d'accomplir une unité entière d'une tâche donnée.

Il est illogique d'évaluer bitcoin par rapport à d'autres réserves de valeur en se fondant uniquement sur le prix unitaire, car cela ne tient pas compte de la capitalisation totale du marché (total des unités * prix unitaire).

Une grande partie de cette confusion provient de l'ignorance de la divisibilité actuelle de bitcoin, jusqu'à huit décimales (et 11 sur le réseau Lightning). Il est tout à fait possible d'acheter une fraction de bitcoin.

En réalité, ce niveau de granularité contribue à le rendre à la fois désirable et pratique comme monnaie numérique.

L'innovation révolutionnaire de Satoshi Nakamoto en matière de rareté numérique signifie que les détenteurs détiennent indéfiniment une part fixe d'une offre finie. Ce n'est pas le cas pour les autres formes de richesse.

Vu sous cet angle, bitcoin ne représente qu'une goutte d'eau dans l'océan par rapport à des classes d'actifs et des réserves de valeur comparables.

« Le désir de posséder une unité entière d'une cryptomonnaie conduit de nombreux investisseurs à penser à tort que les cryptomonnaies concurrentes sont plus abordables, parce que leurs prix unitaires sont inférieurs. »

- VIJAY BOYAPATI

1.00000000 BITCOIN

=

100,000,000 SATOSHIS

=

100,000,000,000 MILLISATOSHIS 

LES BIENS DE VEBLEN

Lorsque le revenu d'une personne augmente, elle peut dépenser davantage en biens. Les types de biens qui font habituellement l'objet d'une demande accrue en raison des hausses de salaires (restaurants, appareils électroniques, vacances, etc.) sont connus sous le nom de biens normaux.

À l'inverse, les biens de Veblen constituent une anomalie économique dans la mesure où la demande augmente à mesure que les prix augmentent. Ce terme est couramment utilisé pour décrire la psychologie comportementale autour de certains produits de luxe, lorsqu'un producteur limite artificiellement l'offre pour créer une pénurie.

Bien qu'une partie de la demande future de bitcoins puisse provenir de son rôle de symbole de prestige, la source principale de la demande viendra probablement de sa rareté absolue et de sa capacité à conserver la valeur. À mesure que la demande de bitcoins augmente, le prix augmente, ce qui crée une plus grande liquidité. L'augmentation de la liquidité permet à un plus grand nombre d'acteurs de participer au marché.

« La demande de bitcoins augmente à mesure que le prix augmente. Pourquoi ? Parce que la liquidité est un effet de réseau et que, dans le cas de bitcoin, il n'y a pas d'ajustement possible par l'offre. »

- PIERRE ROCHARD

MAUVAIS INVESTISSEMENT

Des signaux de prix faussés entraînent une mauvaise allocation du capital vers des utilisations moins productives que celles qui seraient autrement choisies dans un marché libre.

Les décisions à long terme impliquent intrinsèquement un certain degré d'incertitude. Par conséquent, toutes les décisions d'investissement prises aujourd'hui nécessitent de faire des hypothèses sur l'avenir. Cette tâche peut s'avérer difficile lorsque les forces du marché sont faussées et/ou réprimées. C'est comme essayer d'utiliser une boussole alors que le point de référence change constamment.

En économie, nous pouvons observer le phénomène des entreprises zombies (des entreprises incapables d'honorer les paiements d'intérêts sur leur dette) dont la survie dépend de leur capacité à se refinancer à des taux toujours plus bas ou à emprunter davantage. Il s'agit donc en fait de morts-vivants.

MURRAY ROTHBARD

« Le gouvernement n'agit pas sur un marché libre, avec des critères de profits et de pertes, et ne peut qu'avancer à tâtons en "investissant" aveuglément sans pouvoir investir correctement dans les bons domaines, les bons produits ou les bons endroits. Un beau métro sera construit, mais il n'y aura pas de roues pour les trains ; un barrage géant, mais pas de cuivre pour les lignes de transmission. »

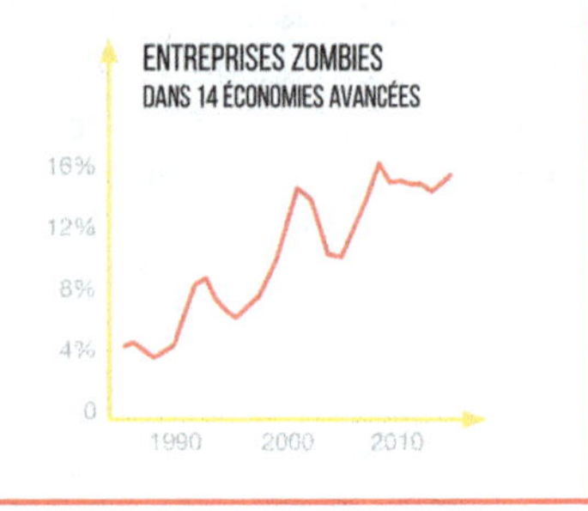

Source : Datastream Worldscope ; Banerjee & Hoffman (BIS, 2020)

GAINS ASYMÉTRIQUES

Décisions d'investissement pour lesquelles le potentiel de hausse est disproportionné par rapport au risque de baisse.

Lorsqu'on prend une décision d'investissement, on calcule les probabilités de l'éventail des résultats possibles. Dans certains cas, les résultats peuvent être non linéaires, ce qui signifie que la valeur de l'investissement a un potentiel de hausse proportionnellement supérieur à son potentiel de baisse.

Bitcoin se comporte actuellement un peu comme une option, où les résultats les plus probables sont binaires : soit il réussit, soit il échoue. Dans ce cas, le risque de baisse est plafonné à zéro (en cas d'événement catastrophique). À l'inverse, s'il réussit, son potentiel d'augmentation est de plusieurs ordres de grandeur (le marché total adressable de bitcoin en tant que principale réserve de richesse mondiale).

L'asymétrie des gains ne peut être que le résultat de l'asymétrie de l'information. Si tout le monde comprenait correctement bitcoin, il serait déjà entièrement monétisé. Aujourd'hui, une grande partie du monde n'a pas encore pris conscience des propriétés monétaires supérieures de bitcoin et, en attendant, le potentiel de hausse restera lié à l'augmentation de la demande qui se heurte à une offre inélastique.

« Nous pouvons débattre de si oui ou non bitcoin sera ou non un enjeu important à l'avenir. Mais je ne pense pas que nous puissions débattre du fait que si c'est le cas, nous verrons une queue de distribution très lourde à droite. »

- ROSS STEVENS

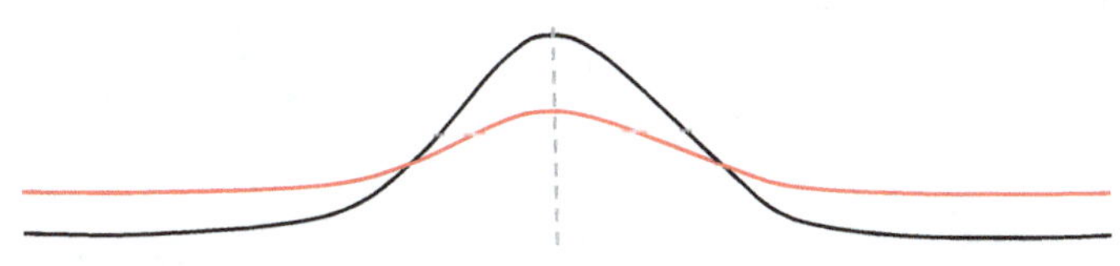

MATRICE D'ANSOFF

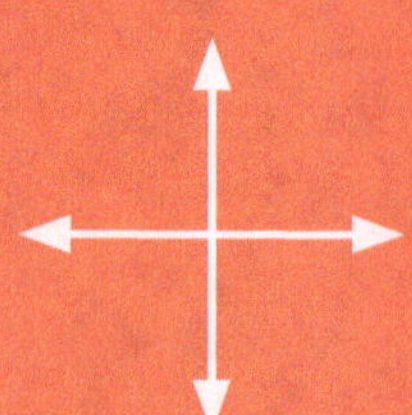

Un cadre stratégique pour les opportunités de croissance d'un produit à travers les gammes et les marchés.

La croissance potentielle et le marché total adressable de bitcoin deviennent plus évidents lorsqu'on le considère comme un produit (monnaie dure d'origine* numérique) desservant plusieurs marchés simultanément. Le cadre d'Ansoff est un guide utile pour cet exercice. Il présente quatre stratégies de croissance alternatives pour une organisation en ce qui concerne le développement d'un produit et/ou d'un marché :

1. Pénétration du marché : augmentation de l'adoption/de la saturation d'un produit existant sur un marché existant.

2. Développement de produits : lancement d'un nouveau produit sur un marché existant.

3. Développement du marché : introduction d'un produit existant sur un nouveau marché.

4. Diversification : lancement d'un nouveau produit sur un nouveau marché.

> « En recherchant des opportunités qui correspondent à ses forces, l'entreprise peut optimiser les effets synergiques. »

---

* Une monnaie dite « dure » est une monnaie difficile à produire.

MATRICE D'ANSOFF

Bitcoin offre une technologie d'épargne à grande échelle, et le réseau Lightning offre une technologie de paiement pour effectuer des transactions en bitcoins à grande échelle.

L'une protège principalement le patrimoine contre la saisie, la dilution et la censure (en concurrence avec les banques centrales et les réseaux de règlement). L'autre permet d'envoyer et de recevoir des micro-paiements en bitcoins partout dans le monde sans exigences de vérification (en concurrence avec les sociétés de transfert d'argent, les processeurs de paiement et les monnaies fiduciaires physiques).

L'un des aspects les moins évidents de la courbe d'adoption est peut-être l'évolution positive et croissante de la marque « bitcoin » en tant que monnaie dure. Bitcoin a non seulement une marge de progression en termes de saturation mondiale (horizontalement), mais aussi en termes de pondération, dans l'allocation dans les portefeuilles existants des particuliers et des entreprises (verticalement).

Bien qu'aujourd'hui, détenir un patrimoine résistant à l'inflation puisse être un facteur clé de croissance, il serait imprudent de sous-estimer les nouveaux cas d'utilisation et les nouvelles sources de demande pour un tel outil.

« Bitcoin permet de nouveaux cas d'utilisation financière qui n'étaient pas possibles auparavant. Cela augmente la taille du gâteau économique, générant ainsi plus de richesses pour la société. »

- BRANDON QUITTEM

PARTIE II:
Technologie et systèmes

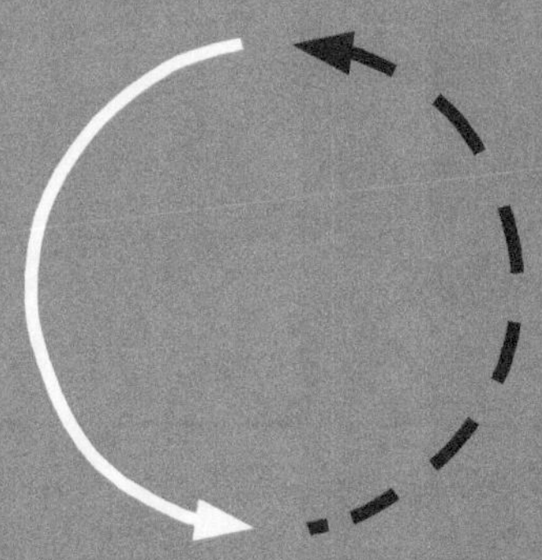

ORDRES DE GRANDEUR

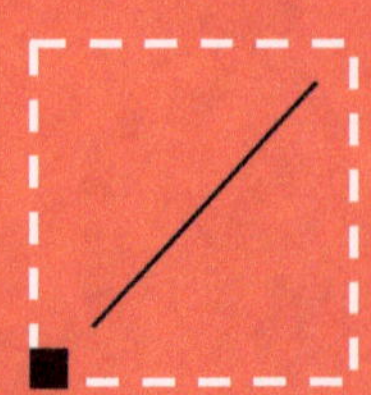

Les ordres de grandeur constituent une échelle de mesure utile pour analyser la trajectoire de technologies et de tendances fondamentalement disruptives. L'être humain a tendance à penser de manière linéaire et a du mal à appréhender la croissance exponentielle de la technologie. En effet, le développement technologique se produit souvent par étapes successives (voir les cycles d'engouement de Gartner), représentées sous la forme de séries de courbes en S.

Nous pouvons également utiliser ce concept afin d'analyser le prix unitaire de bitcoin au fil du temps (une mesure de la demande de bitcoins). L'utilisation d'une échelle logarithmique pour visualiser les variations relatives, au lieu d'une échelle linéaire (variations absolues), nous permet d'observer une tendance exponentielle perceptible à long terme.

Cela signifie qu'un changement permanent de la technologie monétaire est en cours.

« À mesure que l'adoption d'un réseau monétaire augmente d'un ordre de grandeur (10x), les connexions possibles au réseau augmentent au carré (100x). »

- PARKER LEWIS

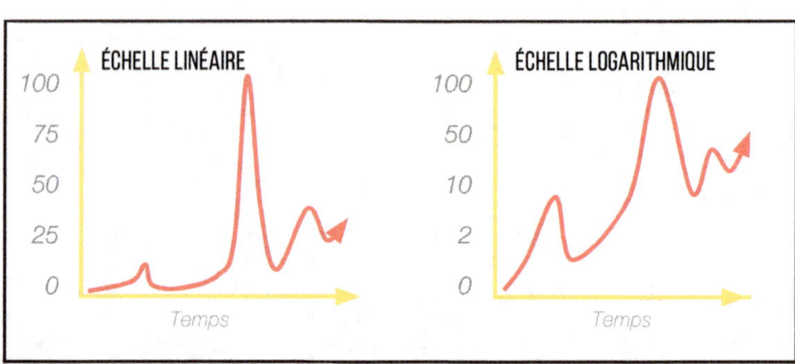

ORDRES DE GRANDEUR

RÈGLE DE L'AMÉLIORATION PAR 10

Les nouvelles technologies doivent offrir un avantage dix fois supérieur par rapport à leurs prédécesseurs pour être adoptées à grande échelle.

Dans son livre *Zero to One* (2014), Peter Thiel suggère qu'une nouvelle technologie doit être « au moins dix fois meilleure » que celle utilisée actuellement afin d'obtenir la traction nécessaire pour la remplacer.

Bitcoin offre un certain nombre d'avantages importants, tels que des transactions et des épargnes dix fois plus efficaces que celles offertes par le système financier traditionnel et les méthodes actuelles de conservation du patrimoine :

- accessibilité (24/7/365) ;
- finalité de la transaction ;
- coûts de stockage, de maintenance et de transport ;
- résistance à la censure ;
- vérification indépendante ;
- redondance du réseau.

Lorsqu'il est utilisé via le réseau Lightning pour des transactions de moindre valeur et de plus grande fréquence, bitcoin rompt avec le modèle des compromis habituels pour un instrument monétaire au porteur.

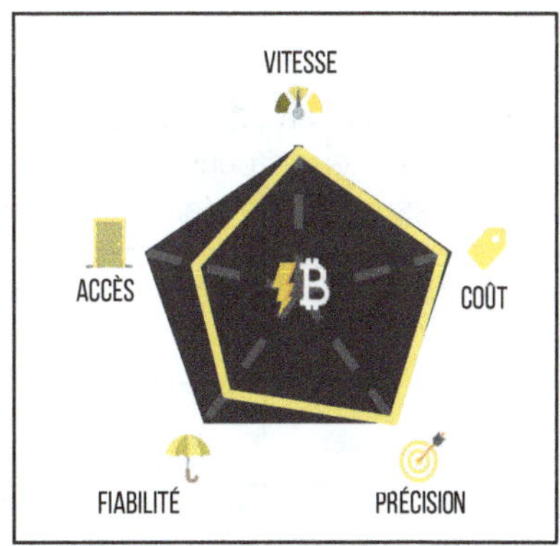

À titre purement illustratif

L'EFFET DE RÉSEAU

L'utilité réelle d'un réseau ou d'une technologie dépend de son nombre d'utilisateurs. Chaque utilisateur supplémentaire ajoute de la valeur au réseau et démultiplie son utilité.

Les réseaux nous permettent de transporter des marchandises, des personnes ou des informations d'un point A à un point B. Les méthodes qui offrent des avantages importants (vitesse, coût, accessibilité, fiabilité, précision…) attirent les utilisateurs, ce qui rend le réseau encore plus attrayant pour les autres utilisateurs.

Les réseaux numériques ayant des caractéristiques supérieures peuvent ainsi créer des effets de réseau (loi de Metcalfe), et fonctionner à l'échelle mondiale en créant un marché unique.

« Je pense que notre nature humaine nous pousse constamment à sous-estimer la puissance des effets de réseau technologiques modernes, car rien dans notre histoire ne leur ressemble. »

- ROSS STEVENS

« Dans la théorie des réseaux, la valeur d'un système croît de manière proportionnelle au carré du nombre d'utilisateurs du système. »

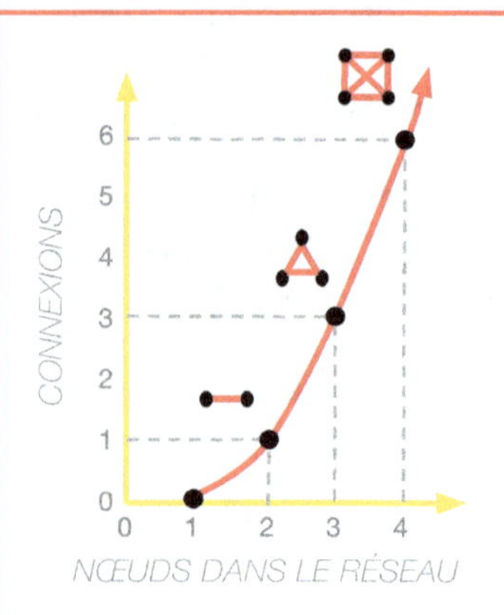

L'EFFET DE RÉSEAU

Le réseau bitcoin est actuellement constitué de milliers de nœuds (exécutant un logiciel spécifique) et d'infrastructures de minage (calculant des trillions de codes de hachage par seconde) dans le monde entier.

L'utilisation de ce réseau pour transférer de la valeur offre l'avantage d'un échange libre et résistant à la censure, avec l'assurance d'un règlement final dans une unité fixe. Il s'agit d'une amélioration prodigieuse par rapport au système actuel.

CONCEPT ASSOCIÉ

TAUX D'ATTRITION [PERTE DE CLIENTÈLE]

Le taux d'attrition est une mesure du taux d'abandon des utilisateurs.

Ce concept est utile pour déterminer si une technologie particulière est sur une trajectoire de croissance (adoption > taux d'attrition).

Une façon de mesurer l'adoption de bitcoin est d'observer la migration nette des capitaux du système fiduciaire vers bitcoin. Le plus remarquable est qu'il s'agit souvent d'une mise à niveau monétaire permanente, les utilisateurs de bitcoin étant significativement peu nombreux à revenir à la monnaie fiduciaire comme principale réserve de valeur.

Les propriétés supérieures de bitcoin sont difficiles à ignorer une fois qu'on les a comprises. Celui-ci a relancé la concurrence monétaire pour le stockage et le transfert de la valeur. Le taux d'adoption net a des implications très concrètes pour un actif dont l'offre est fixe.

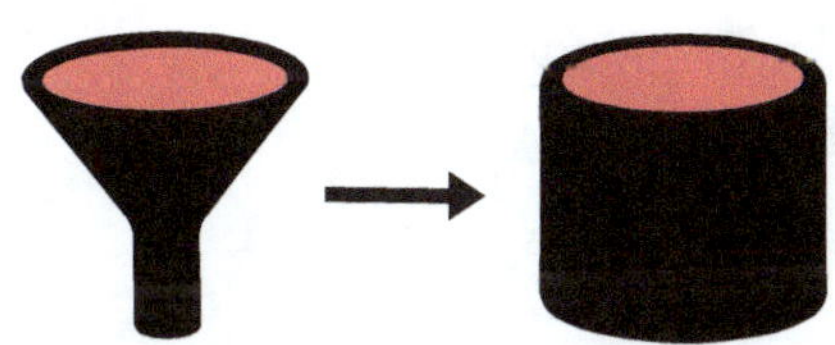

FRICTION

Les frictions au sein d'un processus ou d'un système augmentent la quantité d'énergie nécessaire pour les surmonter. Pensez aux feux de circulation placés à un carrefour très fréquenté, dont l'objectif est d'augmenter la friction pour les véhicules afin de réduire les risques de collisions. Un autre exemple est celui de la banque de détail, qui introduit (ou ne parvient pas à supprimer) des frictions pour collecter des frais, accroître le contrôle et réduire la fraude.

Aujourd'hui, la circulation de la valeur par l'intermédiaire du système financier traditionnel est restée à l'ère industrielle et n'a pas pris le virage technologique. Si la plupart des valeurs sont désormais numériques, les mêmes délais, la même fragmentation, les mêmes charges réglementaires et les mêmes risques de censure s'appliquent.

Bitcoin a été conçu spécialement comme une monnaie numérique, permettant des transactions entre pairs. Les frictions liées au règlement sont réduites en remplaçant les tiers et les autorisations par des incitations économiques transparentes (preuve de travail) et une vérification indépendante. Il en résulte un système qui accroît la liberté d'expression, réduit les coûts de transaction, accélère le règlement final, favorise l'innovation et élargit l'accessibilité.

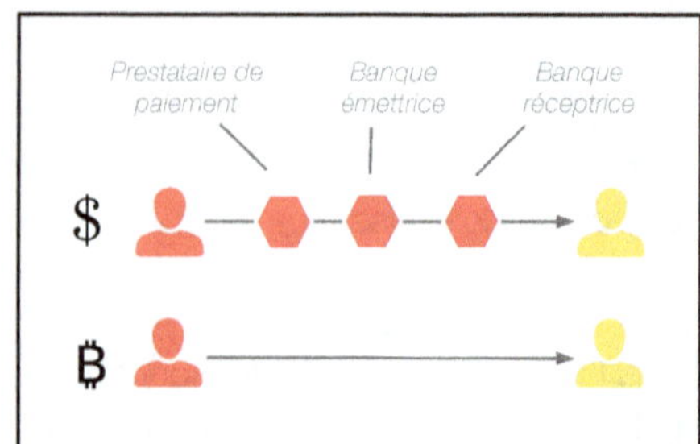

« Tout ce qui bouge doit passer par quelque chose, y compris l'information. »

- FARNAM STREET

FRICTION

Le protocole bitcoin a transformé l'argent en pure information, ce qui lui permet d'exploiter les méthodes de communication et les réseaux les plus appropriés. Ainsi, bitcoin continuera à bénéficier de l'innovation collective dans le domaine des télé-communications et des technologies de l'information.

« Avant l'apparition du navigateur, on observait la suite des protocoles Internet (TCP/IP) et on se disait : "Mon dieu, ce truc peut faire circuler l'information n'importe où, en temps réel et gratuitement ! Cela va changer l'information pour toujours." Eh bien, attendez. Oui, mais pas maintenant. Pas avant 20 ans. C'est la même chose avec bitcoin. »

ROBERT BREEDLOVE

« En informatique, un protocole est un ensemble de règles qui contrôlent la transmission de données. Internet est une intégration de quatre couches successives de protocoles à code source ouvert. Dans ce contexte, bitcoin peut être considéré comme la cinquième couche de la suite de protocoles internet. »

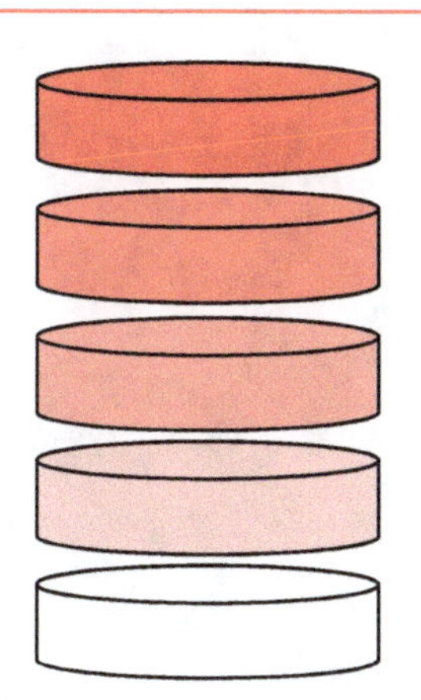

L'ACCÉLÉRATION TECHNOLOGIQUE

L'évolution technologique s'accélère à mesure que l'homme continue d'innover en s'appuyant sur un arsenal de plus en plus large de technologies existantes.

Au cours des deux dernières décennies seulement, nous avons assisté à des changements de comportements permanents dans des domaines tels que le commerce de détail, les loisirs, les transports, la restauration et les télécommunications. L'argent, en tant que technologie, n'est pas à l'abri d'un tel changement.

La transition d'un système monétaire à un autre n'est pas une chose à laquelle beaucoup d'êtres humains ont assisté (voir la section sur la relativité). L'idée que cela puisse se produire de notre vivant semble donc peu plausible. Admettre que nous sommes de piètres prédicteurs des changements technologiques est nécessaire afin d'être suffisamment ouverts d'esprit pour tirer parti de ces changements lorsqu'ils se produisent.

RAY KURZWEIL

« Une analyse de l'histoire de la technologie démontre que le changement technologique est exponentiel…
Nous ne connaîtrons donc pas 100 ans de progrès au 21ème siècle, mais plutôt 20 000 ans de progrès (au rythme actuel). »

« Nous pensons au passé en termes linéaires. [Mais] pour penser correctement au futur, il faut imaginer que les choses évolueront à un rythme beaucoup plus rapide qu'aujourd'hui. »
- TIM URBAN

EFFETS D'ORDRE SUPÉRIEUR

Les actions ont des conséquences. Et ces conséquences ont des conséquences.

En tant que technologie et réseau monétaire réellement innovant, bitcoin modifie fondamentalement et durablement notre monde. Les gens vont devoir s'y adapter, et il y aura des réactions à ces réactions. Au fur et à mesure que bitcoin se développera, tant en termes d'adoption que de valeur stockée, l'ampleur de ces réactions augmentera également. Même dans ces cas, nombre des effets d'entraînement qui résulteraient de la création de bitcoin restent inconnus et inconcevables.

« Modifier certains aspects d'un système complexe introduit toujours des effets de second ordre, dont certains peuvent être contraires à l'intention initiale du changement. Les éléments peuvent être liés ou dépendants les uns des autres de millions de façons différentes. »

\- JOSH KAUFMAN

JEFF BOOTH

« De nombreuses personnes s'intéressent aux effets de premier ordre et réfléchissent seulement à court terme. À l'inverse, ils ne prennent pas le temps de considérer les effets de deuxième et de troisième ordre des actions, ce qui les conduit à trop faire confiance en un système qui finira par échouer. »

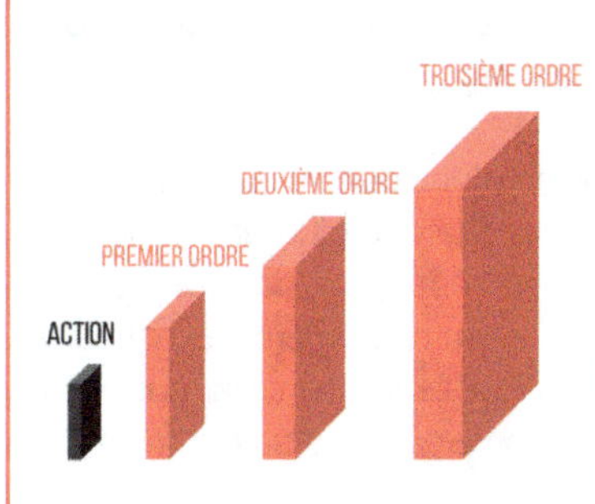

DESTRUCTION CRÉATRICE

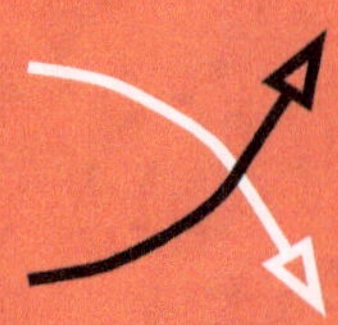

Le cycle de l'innovation et de l'obsolescence des entreprises dans un marché libre.

L'innovation est le processus qui consiste à combiner des outils et des ressources existants pour en faire quelque chose d'entièrement nouveau, utile à la société. Elle modifie continuellement les incitations qui contrôlent notre comportement, ce qui perturbe les entreprises en place cherchant à préserver le statu quo.

Ces avancées peuvent provenir de n'importe quel domaine (par exemple, les transports, l'informatique, etc.) et entraîner un changement fondamental dans la façon dont la société est organisée.

En raison d'un sous-investissement prolongé dans la recherche et le développement, les industries bénéficiant de protections monopolistiques ou de barrières à l'entrée artificiellement élevées finissent par succomber à la destruction créatrice à un rythme plus rapide.

« [Le] processus de mutation industrielle qui révolutionne continuellement la structure économique de l'intérieur, détruisant sans cesse l'ancienne et en créant sans cesse une nouvelle. »

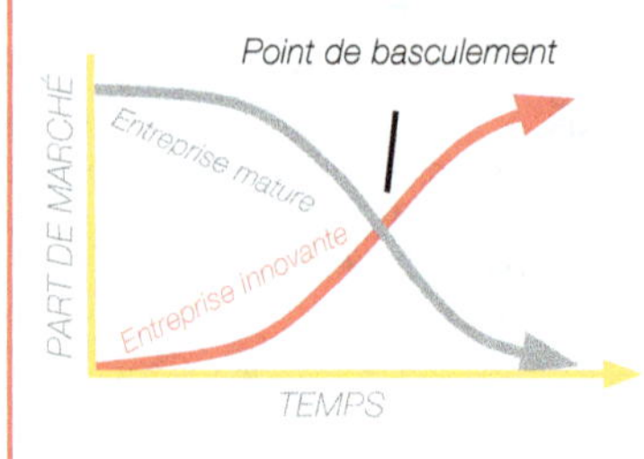

DESTRUCTION CRÉATRICE

Tout comme le smartphone a rendu obsolète une multitude de biens (journaux, annuaires, réveils, etc.), bitcoin dématérialise les réserves de valeur physiques grâce à la création d'un actif numérique au porteur, mondial et dont la rareté peut être prouvée.

« Si l'histoire doit se répéter, chaque fois qu'une nouvelle technologie numérique a remplacé un prédécesseur analogique, [elle] a toujours écrasé ce dernier de manière radicale. »

- ERIC WEISS

« On ne change jamais les choses en luttant contre la réalité existante. Pour changer quelque chose, il faut construire un nouveau modèle qui rend le modèle existant obsolète. »

- BUCKMINSTER FULLER

Combiné au réseau Lightning, bitcoin perturbe le système des banques centrales, des monnaies souveraines et des réseaux de règlement mondiaux en offrant une alternative parallèle ouverte, dépourvue de ces barrières et de ces protections.

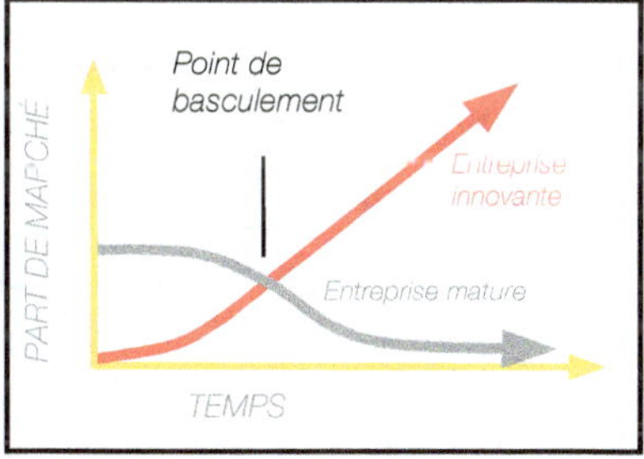

BOUCLES DE RÉTROACTION

Lorsqu'un système réagit à son environnement et que la production qui en résulte est réincorporée en tant que donnée, une boucle de rétroaction est créée.

Le système fiduciaire est une tentative de planification et de gestion centralisées, par le biais d'un petit comité, d'un système complexe qui, autrement, émerge et s'adapte naturellement. Chaque fois qu'un résultat économique « indésirable » se produit, ce retour d'information est utilisé pour justifier des ajustements, qui sont ensuite réintégrés dans la conception du système. Outre le fait qu'il introduit des biais personnels inconnus et un aléa moral dans les décisions, ce processus est entièrement manuel et susceptible d'être modifié.

Au fil du temps, ces ajustements s'accumulent, provoquant des réactions toujours plus fréquentes et violentes. À la manière d'une voiture que l'on dirige à plusieurs reprises dans des directions opposées, on finit par perdre tout contrôle.

À l'inverse, imaginez un système monétaire dont l'offre ne réagit pas en fonction des chocs économiques externes. Bitcoin fonctionne simplement, comme prévu dans son code informatique, ce qui suscite de la confiance dans son fonctionnement continu.

Toute rétroaction ne peut être reflétée que par des changements dans la demande, entraînant de multiples boucles de rétroaction renforcées à travers des variables telles que le taux de hachage, le prix ou l'adoption.

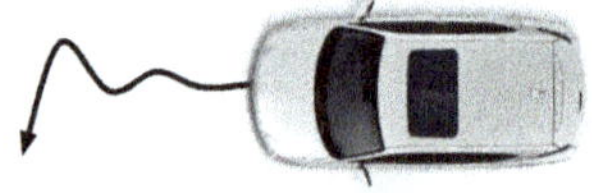

BOUCLES DE RÉTROACTION

- BRANDON QUITTEM

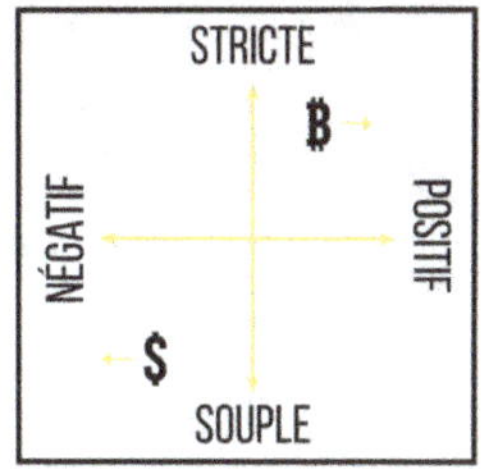

CONCEPT ASSOCIÉ

BOUCLES DE RÉACTIONS EXCESSIVES

La relation ambivalente entre les acteurs et le sentiment du marché rend difficile de déterminer leurs impacts respectifs.

Les acteurs du marché et le sentiment qu'ils expriment peuvent créer une boucle de réactions excessives, dans laquelle les opinions sur l'avenir peuvent s'écarter de manière significative (positivement ou négativement) des fondamentaux économiques ou des moyennes historiques.

Les réactions excessives des marchés sont le résultat de plusieurs facteurs combinés :

- les participants disposent d'informations incomplètes ou inexactes ;
- les participants sont soumis à divers préjugés ;
- le sentiment peut être manipulé ou influencé par divers intérêts.

Le processus de monétisation de bitcoin a jusqu'à présent été marqué par plusieurs cycles de hausse et de baisse des prix. À ce stade précoce de maturité, le marché de bitcoin continuera probablement à agir de la sorte pendant un certain temps.

RELATIVITÉ

La relativité, au sens général, implique que l'existence d'une chose dépend d'une autre, pour sa signification ou son contexte.

Ce concept est utile à appliquer dans le contexte de l'argent car il nous rappelle que de multiples formes de monnaies ont existé par le passé et coexistent aujourd'hui. La comparaison nous permet de déterminer les caractéristiques qui favorisent la productivité et celles qui incitent à la corruption.

Il est utile d'étudier les différentes monnaies choisies par le marché au fil du temps, et de comprendre les raisons derrière ces choix. Coquillages, sel, bronze, or : les formes primitives et métalliques de la monnaie nécessitaient une certaine dépense d'énergie pour être collectées ou extraites (voir section sur la thermodynamique), en tant que mécanisme naturel de protection contre une augmentation trop rapide de l'offre ou de privilèges non mérités.

Si l'on prend assez de recul, il devient évident que nous vivons une expérience monétaire tout à fait anormale qui met en péril notre capacité à épargner, à planifier et à commercer. En plus de 5 000 ans d'histoire monétaire, la monnaie fiduciaire émise par les gouvernements n'a existé que pendant une cinquantaine d'années.

THERMODYNAMIQUE : 1ᴱᴿᴱ PRINCIPE

L'énergie ne peut être ni créée ni détruite dans des systèmes isolés. Elle ne peut que se transformer.

Pour expliquer le lien entre la thermodynamique et bitcoin, commençons par comprendre les matières premières. En tant que catégorie de biens économiques, celles-ci possèdent la propriété de fongibilité, c'est-à-dire que le marché ne fait pas de différence entre leurs différents producteurs.

Toutes les matières premières (métaux, produits agricoles, énergie) nécessitent une certaine forme de conversion énergétique lors de leur extraction ou de leur exploitation. Qu'il s'agisse de bétail consommant du fourrage ou d'une pelleteuse utilisant du diesel, il n'y a pas de substitut à ce processus. Bitcoin représente la première marchandise numérique au monde liée à de l'énergie dépensée pour son fonctionnement dans le monde physique.

> *« Il n'y a pas de détour possible pour ces opérations de calcul. C'est pourquoi la physique inhérente à ces opérations – le processus physique même de traitement des bits – est indéniablement intégrée dans les informations produites. »*
>
> — GIGI

Cependant, contrairement à d'autres marchandises, le taux d'émission de bitcoin est prédéterminé et n'est pas affecté par les fluctuations de la quantité d'énergie utilisée pour sa production. Cet attribut est au cœur de l'attrait de bitcoin en tant que monnaie. L'attribution de nouveaux jetons est effectuée de manière méritocratique, tandis que l'offre est connue, vérifiable et immuable.

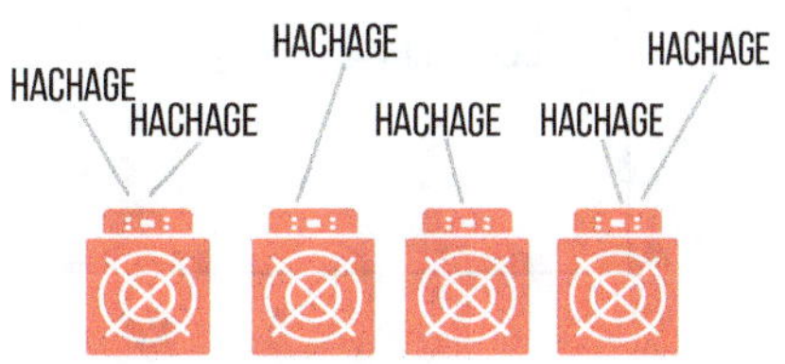

THERMODYNAMIQUE : 1ÈRE PRINCIPE

Les mineurs dépensent de l'énergie informatique (en convertissant l'électricité en codes de hachage et en dissipant de la chaleur) dans la recherche d'un « nombre aléatoire ». Combiné aux données de la transaction, le code de hachage qui en résulte peut permettre aux mineurs de percevoir une récompense s'il répond aux paramètres actuels.

Ce processus augmente les garanties de règlement de transactions déjà confirmées, en augmentant le coût de la modification de l'historique.

Le fait de supporter le coût réel des ressources incite les mineurs à soumettre des résultats valides au réseau, en particulier lorsque la validation est triviale. Toute tentative d'inclure une transaction non valide dans un bloc serait rapidement détectée et rejetée par les nœuds.

« Les mécanismes de consensus qui n'impliquent pas de travail reposent alors sur une gouvernance. »

- LYN ALDEN

Le mécanisme de consensus par preuve de travail de bitcoin permet à des inconnus de se mettre d'accord sans tiers de confiance, à intervalles réguliers, sur les adresses qui contiennent des bitcoins.

« Par la loi de la thermodynamique, bitcoin est un système robuste d'immuabilité historique. Nous n'avons besoin que d'un seul livre de compte immuable reposant sur la preuve de travail. »

- ANDREAS ANTONOPOULOS

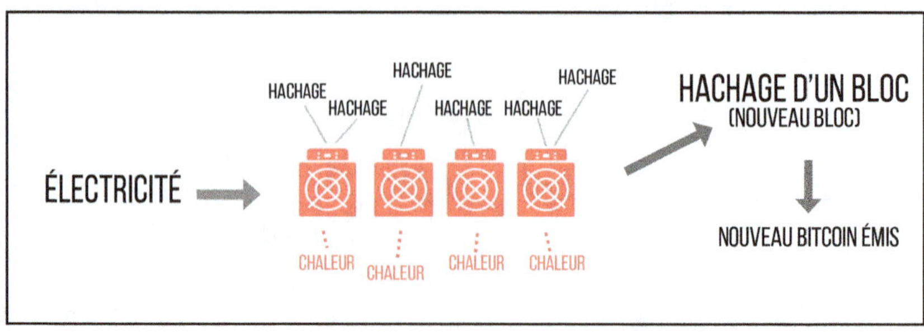

THERMODYNAMIQUE : 2ᴱᴹᴱ PRINCIPE

L'entropie de l'univers augmente toujours avec le temps.

L'entropie thermodynamique peut être considérée comme une mesure du désordre ou du caractère aléatoire d'un système. Plus l'entropie est faible, moins il y a de hasard ; plus l'entropie est élevée, plus Il y a de hasard.

Les informations relatives à l'évolution de l'état d'un système doivent être observées, traitées et finalement enregistrées quelque part.

Les systèmes ordonnés de notre monde, tels qu'un être humain vivant ou la chaîne de blocs de bitcoin, nécessitent un apport constant d'énergie afin que le travail nécessaire pour construire et maintenir cet ordre soit effectué. Le sous-produit de ce processus, c'est de la chaleur qui ne peut plus fournir de travail utile. En additionnant le système ordonné, l'énergie consommée pour maintenir cet ordre et la chaleur résiduelle produite, on obtient finalement une augmentation de l'entropie de l'univers dans son ensemble, conformément à la deuxième loi.

Mais il s'agit d'un processus à sens unique. On ne peut pas combiner de la chaleur avec un être humain et récupérer la nourriture qu'il a déjà consommée. De même, avec la chaîne de blocs de bitcoin, la deuxième loi garantit que l'horloge de bitcoin ne peut fonctionner que dans un sens, et que son passé est de plus en plus sécurisé par un mur d'énergie thermodynamique qui ne cesse de croître.

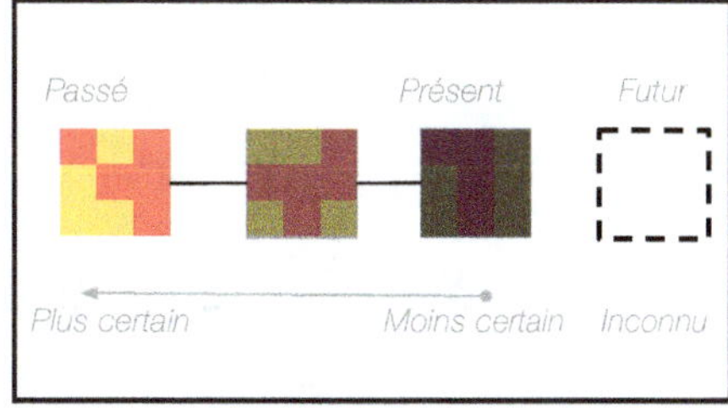

CONCEPT ASSOCIÉ

FLÈCHE DU TEMPS

Établir le sens unique du temps en distinguant le passé du présent.

Une chaîne est une série de liens. Bitcoin établit une séquence inviolable de son histoire en reliant systématiquement le bloc le plus récent au deuxième bloc le plus récent. Les informations contenues dans chaque bloc sont similaires à du ciment qui sèche par couches, devenant de plus en plus difficile à altérer au fil du temps.

La production de blocs se fait à intervalles réguliers, quelle que soit la puissance de calcul du réseau, grâce à un mécanisme ingénieux d'ajustement de la difficulté nécessaire à trouver les nombres aléatoires.

> *« La seule chose qui fait vraiment "tic-tac" dans le réseau bitcoin est l'horloge mondial : une horloge à blocs, où chaque bloc est une unité de temps. »*
>
> – GIGI

Le protocole bitcoin crée un flux d'informations cohérent, forgé par la conversion d'énergie et verrouillé par la deuxième loi de la thermodynamique. Il nous permet de distinguer le passé du présent et d'établir indépendamment la direction du temps.

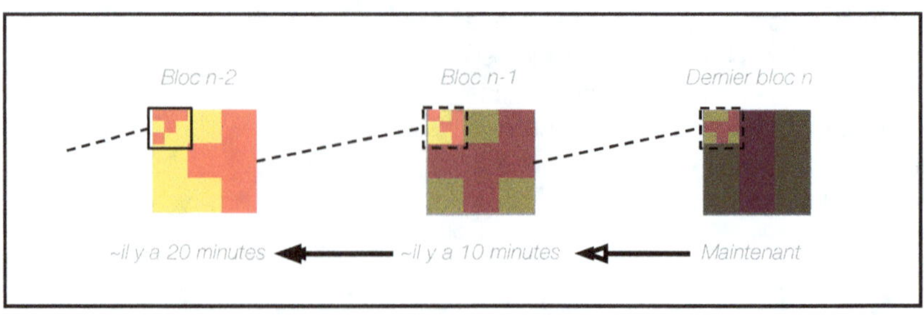

THERMODYNAMIQUE : 2ÈME PRINCIPE

THÉORIE DE L'INFORMATION

Comment l'information numérique est communiquée, stockée et quantifiée.

La théorie de l'information est l'étude de la manière dont l'information numérique est communiquée, stockée et quantifiée. À la base, ce concept s'intéresse à la capacité du récepteur à reconstruire avec précision un message, lorsqu'il est confronté à un canal bruyant (causé par des interférences externes).

Dans le cas d'un réseau monétaire, la redondance du stockage de l'information est essentielle. Le réseau de nœuds indépendants de bitcoin permet la récupération, la recréation et la validation de l'ensemble de la chaîne avec un seul autre pair.

Ces attributs permettent au réseau de fonctionner sans autorité centrale et augmentent les chances de survie du réseau.

« Le problème fondamental de la communication consiste à reproduire en un point, de manière exacte ou approximative, un message sélectionné en un autre point. »

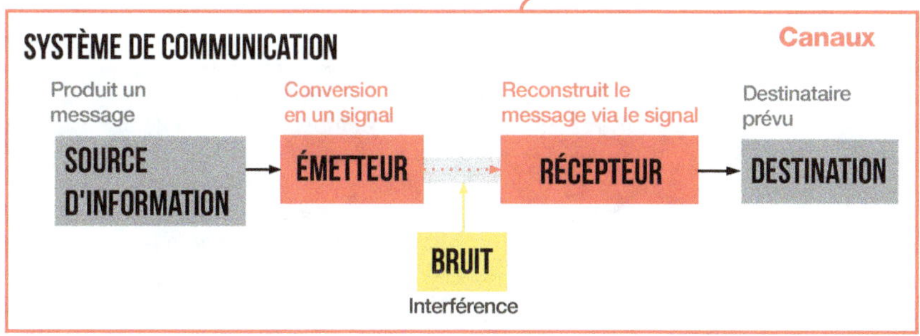

LA LOI DE MOORE

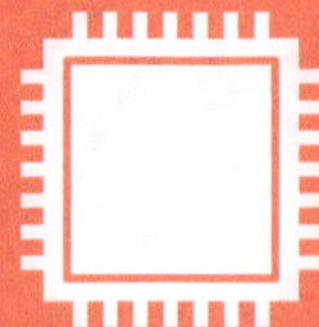

L'observation selon laquelle le nombre de transistors (ou semi-conducteurs) sur une puce informatique double environ tous les deux ans.

La déflation technologique est incroyable. Elle nous permet de récolter les bénéfices cumulés de l'innovation, en réduisant les intrants nécessaires à un processus, ou bien en augmentant la production à partir d'une même quantité d'intrants.

L'effet des microprocesseurs sur tous les aspects de la vie moderne est impressionnant. Ils ont radicalement changé notre façon de nous comporter et de communiquer, et modifient progressivement la structure de la société depuis l'ère industrielle.

La loi de Moore permet d'expliquer la croissance exponentielle de la puissance de calcul que nous avons connue au cours des 50 dernières années, grâce à l'augmentation de la densité et à la baisse des coûts.

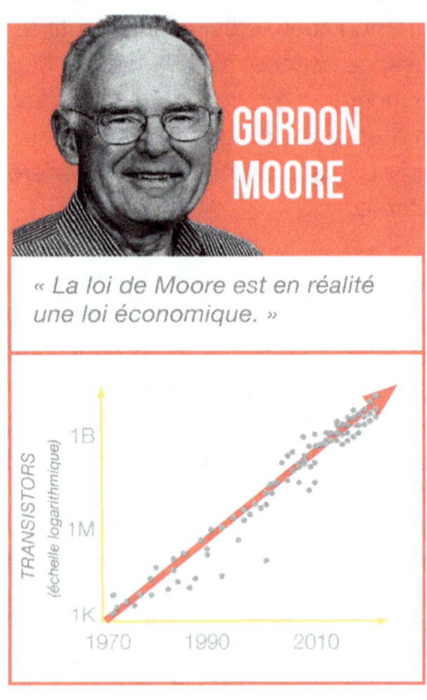

« Le développement universel de ces microprocesseurs de plus en plus puissants a touché tous les secteurs de l'industrie, des transports, des services et des communications, et s'est accompagné d'une baisse constante des coûts et d'une amélioration de leur fiabilité. »

- VACLAV SMIL

LA LOI DE MOORE

Le réseau bitcoin bénéficie de ce phénomène, car les nœuds du réseau continuent de proliférer dans le monde entier. Pour qu'un réseau monétaire soit capable de résister à des attaques spécifiques à une juridiction, il doit atteindre un certain seuil de décentralisation et de résilience grâce à une multitude de nœuds indépendants.

Par conséquent, la capacité d'exploiter un nœud et de vérifier les transactions de manière indépendante doit être à la portéo d'un nombre suffisamment important de personnes. La disponibilité et le coût du matériel nécessaire sont des facteurs clés à cet égard.

Contrairement au minage, les nœuds de validation ne nécessitent pas de matériel haut de gamme ou de puissance de calcul plus ou moins importante. En outre, la croissance linéaire de la chaîne de blocs (en termes de mémoire) signifie que les besoins futurs en matière de stockage sont prévisibles et négligeables.

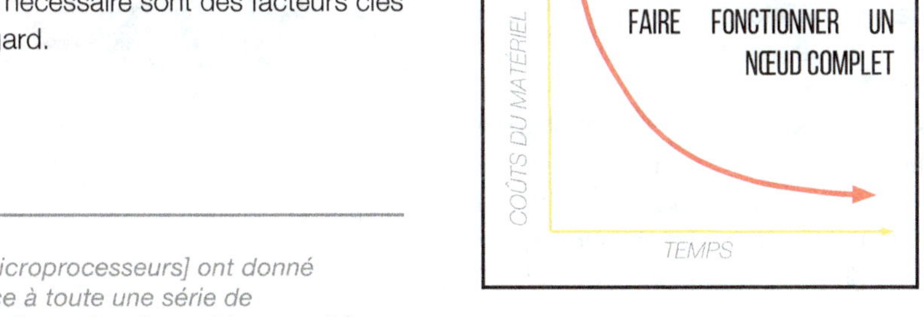

« [Les microprocesseurs] ont donné naissance à toute une série de technologies qui renforcent la capacité des petits groupes et même des individus, à fonctionner indépendamment d'une autorité centrale. »

- DAVIDSON & REES-MOGG

ANTIFRAGILITÉ

Des éléments qui bénéficient directement de la volatilité et de l'imprévisibilité, évoluant grâce aux boucles de rétroaction rapides.

Le réseau bitcoin n'est pas seulement difficile à détruire, il devient activement plus résistant à chaque tentative d'attaque (comme un tissu musculaire qui se répare plus fortement après une séance d'entraînement intense). Cela est dû à son architecture de réseau pair à pair.

Il n'existe pas de point de défaillance unique, car chaque nœud complet possède un historique valide de la chaîne de blocs, et tous les nœuds sont sur un pied d'égalité du point de vue du protocole.

« Il n'y a pas de nœuds bitcoin spéciaux ; tous les nœuds sont identiques. »

- ANDREAS ANTONOPOULOS

Au fil du temps, le réseau bitcoin a pris de l'ampleur (en termes de nombre de nœuds accessibles) et est devenu de ce fait de plus en plus décentralisé. Il est désormais capable de résister à des attaques menées au niveau d'un État-nation et de se renforcer.

NASSIM TALEB

« Étant donné qu'il est impossible d'atteindre une résistance parfaite, nous avons besoin d'un mécanisme par lequel le système se régénère continuellement en utilisant, plutôt qu'en subissant, des événements aléatoires, des chocs imprévisibles, des facteurs de stress et de volatilité. »

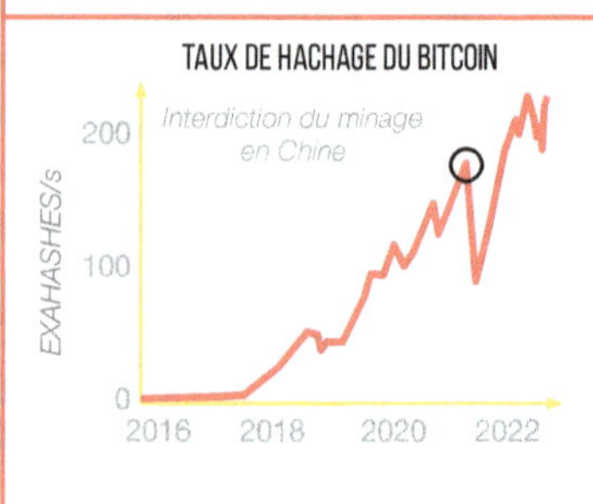

ANTIFRAGILITÉ

« Lorsqu'une créature organique décentralisée évolue et s'adapte rapidement, elle devient excessivement antifragile, parce que chaque fois qu'on la tue ou qu'on en tue un élément, les éléments que l'on ne tue pas deviennent beaucoup plus puissants. »

- MICHAEL SAYLOR

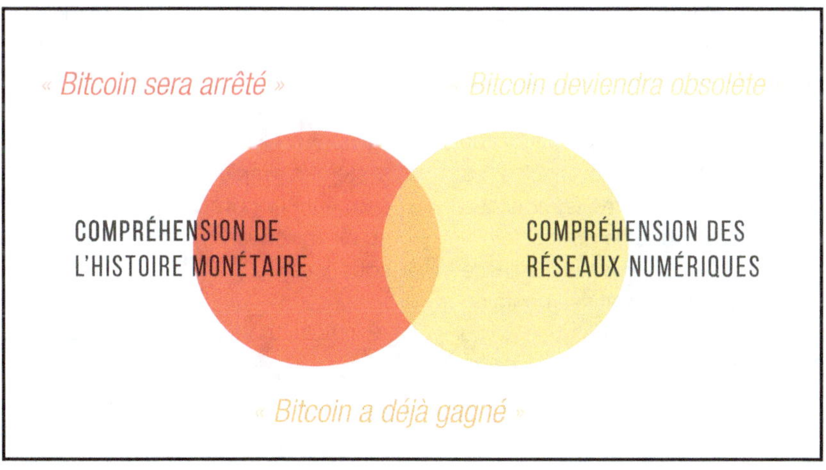

LA LOI DE GALL

Les améliorations progressives apportées à un système fonctionnel sont supérieures à la construction d'un système complexe formé à partir de zéro.

Tirée de l'ouvrage de John Gall intitulé *Systemantics : How Systems Really Work and How They Fail (1977)*, ce concept explique le succès des systèmes que nous tenons aujourd'hui pour acquis, et qui ont évolué à partir de bases simples mais fiables. La même attitude a été adoptée (et continue de l'être) pour développer le protocole bitcoin. Une base solide renforce la confiance à long terme dans les investissements en temps, en capital et dans l'adoption d'une infrastructure technologique.

Les systèmes complexes sont moins aptes à réagir avec souplesse à l'entropie, car il faut tenir compte de l'impact de tout changement mineur sur de nombreux composants individuels. En revanche, les systèmes simples et fonctionnels peuvent permettre l'innovation (par itération) en tant qu'extension, sans risque pour la fondation sous-jacente.

«[La surcharge fonctionnelle] est la tendance à ajouter le nombre de fonctions qu'un appareil peut faire, souvent au-delà de toute raison. Mais chaque nouvel ensemble de fonctions augmente incommensurablement la taille et la complexité du système. »

- DONALD NORMAN

« Bitcoin est trop important pour suivre le mantra de la Silicon Valley, « Move fast and break things », c'est-à-dire d'innover au risque de casser l'existant. Il faut plutôt aller lentement et ne rien casser. Si un système financier mondial doit être construit sur un système monétaire décentralisé, la fondation doit être protégée à tout prix. »

- PARKER LEWIS

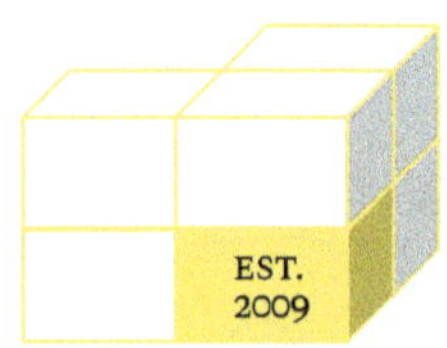

LA LOI DE GALL

SURFACE D'ATTAQUE

La somme de toutes les vulnérabilités potentielles de tous les points d'accès existants.

Imaginez une forteresse qui doit défendre ses murs contre des attaques imminentes. Minimiser la longueur du périmètre à sécuriser devient un élément de conception crucial ; un carré est plus facile à défendre qu'un rectangle.

L'un des facteurs clés de la résilience de bitcoin est la simplicité du protocole de base, associée à l'examen minutieux dont il fait l'objet en tant que projet à code source ouvert.

« Intégrer toutes les caractéristiques de Lightning, Liquid, DLC, RGB, etc. dans la chaîne principale... est manifestement une mauvaise idée. Cela introduirait des vecteurs d'attaque inconnus et donc une fragilité holistique. »

— ALLEN FARRINGTON & BIG AL

Permettre l'expérimentation libre sur bitcoin, sans menacer sa fondation, est essentiel pour le passage à l'échelle et l'innovation en général.

SATOSHI NAKAMOTO

« Le fait que le code source soit ouvert signifie que tout le monde peut examiner le code de manière indépendante. S'il était fermé, personne ne pourrait en vérifier la sécurité. »

```cpp
CAmount GetBlockSubsidy(int nHeight,
const Consensus::Params&
consensusParams)
{
    int halvings = nHeight /
consensusParams.nSubsidyHalvingInterval;
    // Force block reward to zero when
right shift is undefined.
    if (halvings >= 64)
        return 0;

    CAmount nSubsidy = 50 * COIN;
    // Subsidy is cut in half every
210,000 blocks which will occur
approximately every 4 years.
    nSubsidy >>= halvings;
    return nSubsidy;
}
```

CATALYSEURS

Ils donnent de l'élan à une réaction mais ne sont pas eux-mêmes des réactifs.

En chimie, un catalyseur modifie la vitesse de réaction entre une substance et des réactifs, sans être directement affecté. Dans un sens plus large, un catalyseur précipite un certain type de changement lorsqu'il est introduit dans un environnement.

Satoshi Nakamoto a conçu une méthode ingénieuse pour empêcher la duplication de l'argent numérique (la double dépense), sans avoir recours à un intermédiaire. Cette solution a été codifiée dans le protocole bitcoin et diffusée publiquement.

On ne peut pas l'affirmer avec certitude, mais un message laissé par Satoshi dans le bloc de genèse pourrait indiquer que les renflouements ayant profité aux institutions financières après 2008 ont été un catalyseur pour bitcoin.

En tant que monnaie saine et numérique, accessible à tous, bitcoin est devenu un catalyseur. En offrant un nouveau choix, bitcoin oblige les gens à comparer les attributs de biens monétaires concurrents (par exemple, la rareté, la durabilité, la portabilité, etc.).

De nombreux changements que bitcoin catalysera demeurent inconnus, mais si l'on se fie aux développements actuels, ils ne seront rien de moins qu'extraordinaires.

« Bitcoin pourrait également représenter le plus grand catalyseur que le monde n'ait jamais connu pour le développement d'une énergie abondante, propre et bon marché. Et, par conséquent, l'un des plus grands catalyseurs au monde pour l'épanouissement humain. »
- ROSS STEVENS

Partie III:
Psychologie

LE DILEMME DU PRISONNIER

Situation, en théorie des jeux, où l'utilisation des mathématiques aident à déterminer s'il est préférable pour des participants à un « jeu » multi-joueurs de coopérer ou de s'affronter.

Des décisions qui impliquent plusieurs parties, dans lesquelles la coordination offre le meilleur avantage, doivent tenir compte des préférences des autres. Le dilemme du prisonnier est un exercice qui permet de modéliser l'éventail des résultats et le plan d'action optimal dans une telle situation. Au niveau international, bitcoin, comme concurrent des autres formes de monnaie, force les nations souveraines à adopter une stratégie, que ce soit de manière proactive (interdiction) ou passive (autorisation).

Plusieurs pays ont tenté d'interdire bitcoin mais cela s'est révélé inefficace. La stratégie optimale consiste désormais à l'accepter et le réglementer, ou bien à assister à une fuite des capitaux et des talents vers des pays imposant moins de restrictions. En poussant cette logique un cran plus loin, les gouvernements se voient désormais contraints de se poser la question suivante : devraient-ils détenir des bitcoins dans leurs réserves, à titre de couverture ?

Si bitcoin s'impose bel et bien comme monnaie numérique mondiale dominante, cela impliquerait une démonétisation sévère de toutes les autres formes de monnaie et d'obligations souveraines.

CHRIS KULPER & JACK NEUREUTER

« Si l'adoption du bitcoin augmente, les pays qui sécurisent un peu de bitcoin aujourd'hui seront plus compétitifs que leurs pairs. Par conséquent, même si les autres pays ne souscrivent pas à la thèse de l'investissement [...], ils seront forcés d'en acquérir à titre d'assurance. »

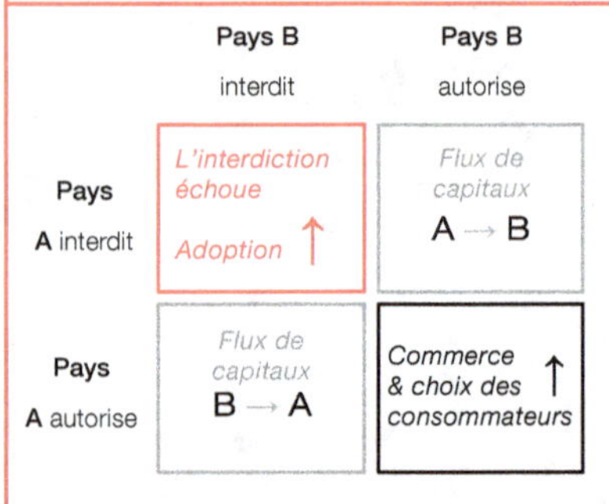

Tiré de « Bitcoin ne peut pas être interdit » de Parker Lewis

LE DILEMME DU PRISONNIER

CONCEPT ASSOCIÉ

ARBITRAGE JURIDICTIONNEL

Profiter des divergences entre des juridictions concurrentes

La possibilité d'émigrer vers le pays où la situation relative est la meilleure (coût de la vie moins élevé, meilleure qualité de vie, salaires plus élevés, etc.) constitue une menace réelle pour les futures recettes fiscales des États-nations. À une époque où les personnes hautement qualifiées sont de plus en plus mobiles et convoitées par de multiples juridictions, les personnes qualifiées sont à nouveau en position de force.

ADAM FERGUSSON

« L'évasion fiscale, la peur de la socialisation et l'inflation se sont conjuguées pour motiver une fuite des capitaux en dehors des pays dont la monnaie est dépréciée, vers ceux dont la monnaie est saine ou supérieure. »

LA PREUVE SOCIALE

Dans des situations incertaines, nous nous tournons vers les personnes que nous jugeons plus compétentes ou mieux informées pour obtenir des conseils sur la meilleure façon de penser ou d'agir.

Bitcoin a suscité son lot de peur, d'incertitudes et de doutes en raison de son caractère profondément innovant et de l'absence de modèles de référence. La majorité du grand public s'en est trouvée mal informée et sceptique. Cependant, au fil du temps, bitcoin est devenu socialement plus acceptable grâce au soutien de plus en plus de personnes et d'institutions de renom.

Les choses radicalement nouvelles seront toujours accueillies avec scepticisme et prudence par le grand public. La preuve sociale remplit la tâche précieuse de dissiper efficacement la peur, l'incertitude et le doute à grande échelle.

« Paul Tudor Jones le valide pour d'autres gestionnaires de fonds spéculatifs, les gestionnaires de fonds spéculatifs le valident pour les fonds souverains, les fonds souverains le valident pour les banques centrales. »

- NAVAL RAVIKANT

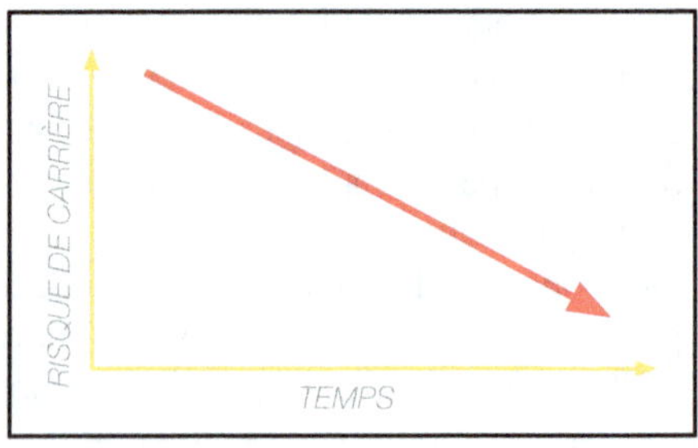

LA PREUVE SOCIALE

THÉORIE MIMÉTIQUE

Les personnes qui utilisent le dollar aujourd'hui ne comprennent pas tous pourquoi il s'agit de la monnaie privilégiée pour épargner et effectuer les transactions. Il en sera de même pour le bitcoin une fois son adoption achevée. Certaines personnes le choisissent consciemment parce qu'il s'agit de la monnaie la plus dure. D'autres imiteront simplement cette préférence. Dans les deux cas, cela contribuera à une boucle de rétroaction positive.

« Les modèles sont des personnes ou des choses qui nous montrent ce qui vaut la peine d'être désiré. Ce sont les modèles - et non notre analyse « objective » ou notre système nerveux central - qui façonnent nos désirs. Avec ces modèles, les gens s'engagent dans une forme secrète et sophistiquée d'imitation que Girard a appelée « mimesis », du mot grec mimeisthai (imiter). »
- LUKE BURGIS

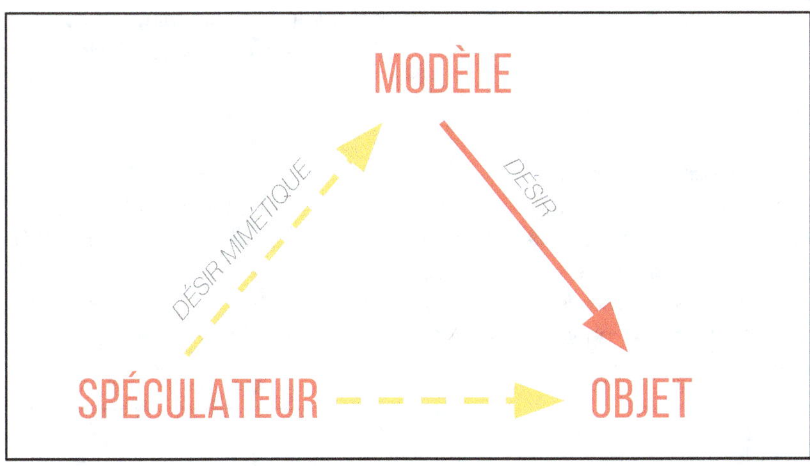

BIAIS DE LA PREMIÈRE CONCLUSION

Nos premières conclusions sur les nouvelles technologies sont souvent incorrectes ou incomplètes, mais malgré tout nous avons tendance à les défendre. Ce qui, en fin de compte, nous est défavorable.

« L'esprit fonctionne un peu comme le spermatozoïde et l'œuf : la première idée entre et l'esprit se ferme... ce qui nous conduit à accepter de nombreux résultats erronés »

- CHARLIE MUNGER

Notre survie est largement tributaire de notre capacité à identifier et à évaluer rapidement les risques. Beaucoup de détracteurs de bitcoin le qualifient de pyramide de Ponzi, de secte ou d'expérience ratée. Pourtant, il s'agit bien souvent d'un simple mécanisme réactionnel humain face à ce qui ne nous est pas familier.

C'est en cultivant un état de curiosité neutre et en vérifiant des hypothèses que l'on peut vraiment s'assurer de la justesse de nos conclusions.

Dans une certaine mesure, tout le monde commence par se méprendre sur bitcoin tout simplement parce qu'il n'existe rien de comparable. La rareté numérique est un concept totalement nouveau, avec de nombreuses implications encore inconnues auxquelles il faut réfléchir.

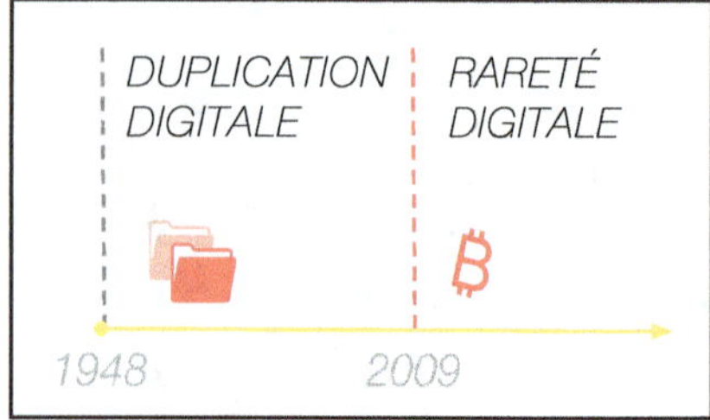

CERCLE DE COMPÉTENCES

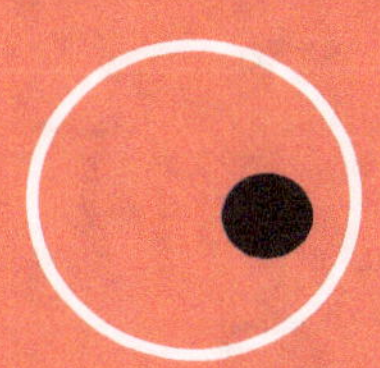

Connaître ses limites et ses lacunes en termes de connaissances et de compétences.

Nous avons tous des expériences et des connaissances uniques qui nous confèrent des domaines d'expertise précis. La plupart du temps, nous devons opérer en dehors de ces domaines tout en y donnant le plus de sens possible. Dans la majorité des situations, cela ne constitue pas de risques, mais c'est différent lorsque les enjeux sont élevés.

La capacité à définir clairement les limites de ses compétences intellectuelles et à ne pas céder à la tentation d'une confiance excessive, réduit les risques d'erreurs et d'échecs. Dans la plupart des cas, cultiver l'état d'esprit du débutant et rester humble ne peut nous être que bénéfique.

Bitcoin est difficile à appréhender conceptuellement car il nécessite une approche interdisciplinaire couvrant plusieurs domaines apparemment sans rapport mais qui se chevauchent (par exemple : la thermodynamique, l'informatique, l'histoire monétaire, la cryptographie, etc.).

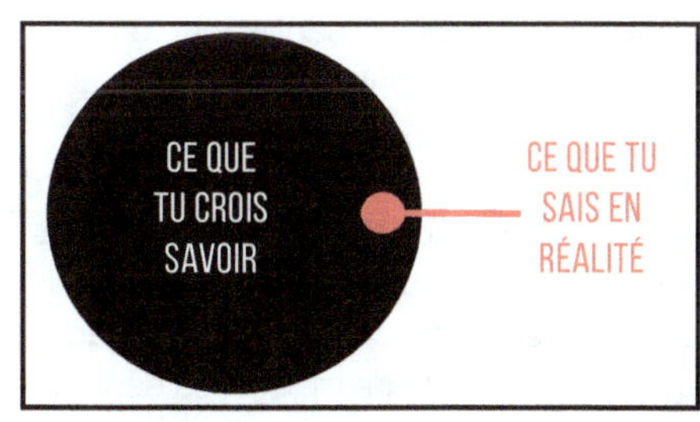

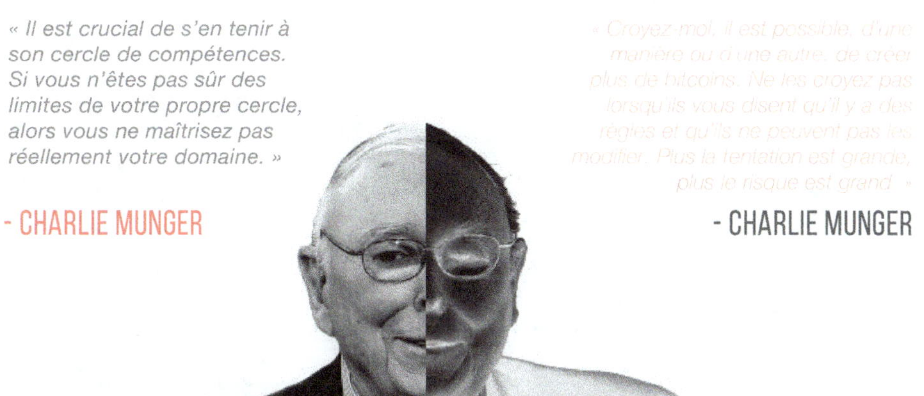

« Il est crucial de s'en tenir à son cercle de compétences. Si vous n'êtes pas sûr des limites de votre propre cercle, alors vous ne maîtrisez pas réellement votre domaine. »

- CHARLIE MUNGER

« Croyez-moi, il est possible, d'une manière ou d'une autre, de créer plus de bitcoins. Ne les croyez pas lorsqu'ils vous disent qu'il y a des règles et qu'ils ne peuvent pas les modifier. Plus la tentation est grande, plus le risque est grand. »

- CHARLIE MUNGER

CERCLE DE COMPÉTENCES

Évaluer bitcoin exclusivement à travers le prisme étroit d'une expertise empêche d'analyser le système dans son ensemble. Heureusement, votre cercle de compétences n'est en rien statique, et vous pouvez le façonner au fil du temps.

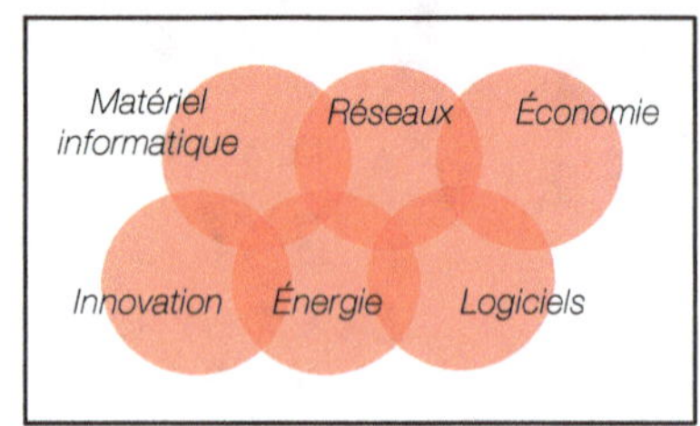

L'EFFET DUNNING-KRUGER

Ce biais cognitif ou préjugé connexe décrit la tendance à avoir une confiance excessive en ses capacités tout en étant privé d'une conscience de soi suffisante pour le reconnaître (métacognition).

Dans leur article de 1999, David Dunning et Justin Kruger décrivent le « double fardeau » que constituent l'incapacité à reconnaître ses lacunes sociales et intellectuelles combinée à la prise de mauvaises décisions basées sur les conclusions erronées qui en résultent.

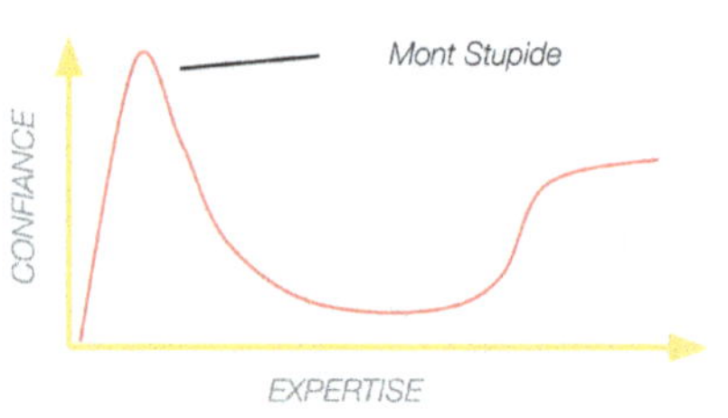

« Bitcoin apparaît superficiellement simple, ce qui est bon pour son adoption et son intérêt. Mais son fonctionnement s'avère de plus en plus contre-intuitif à mesure que l'on entre dans les détails »

- ADAM BACK

ERREUR DE CATÉGORIE

Supposer qu'une caractéristique d'une chose est représentative de son ensemble, ce qui conduit à une mauvaise catégorisation.

Les critiques de bitcoin ont tendance à le juger trop rapidement avec des préjugés sur sa véritable nature. Le plus souvent, ils comparent sa volatilité à court terme à celle du dollar américain, alors qu'il s'agit avant tout d'un instrument d'épargne à long terme. Ou alors ils décrivent bitcoin comme un investissement ne générant aucun dividende (alors qu'il s'est apprécié de plus de 100 % par an en moyenne au cours de la dernière décennie).

Chacun a son opinion sur la façon de catégoriser bitcoin, lequel défie en réalité toute catégorisation définitive en raison de ses nombreuses facettes, dans un environnement en constante évolution.

MARTY BENT

« Bitcoin n'est ni une action, ni une startup, ni un fonds d'investissement... Il s'agit d'une créature complètement différente des autres types d'actifs auxquels les gens cherchent à le comparer. Il faut l'examiner à travers un prisme différent. »

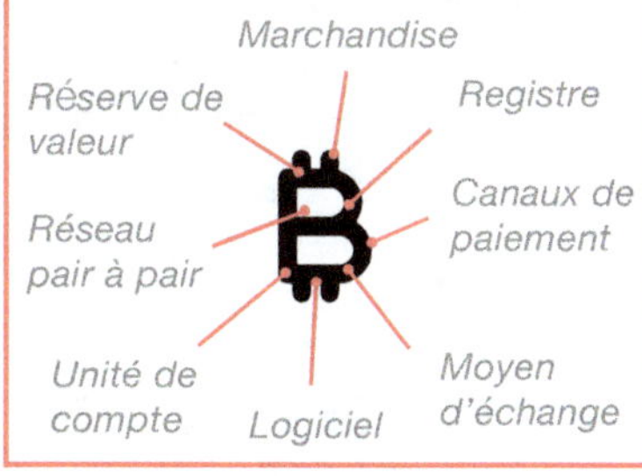

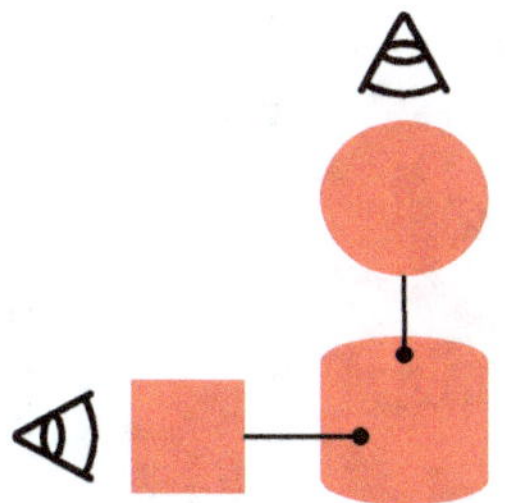

CYCLE D'ENGOUEMENT DE GARTNER

Une méthodologie permettant d'établir la maturité et l'adoption de nouvelles technologies et applications.

Les technologies sont adoptées par vagues. Il s'agit d'un jeu incessant du chat et de la souris entre la maturité d'une technologie et les attentes des gens.

Le cycle d'engouement de Gartner décrit les phases d'évolution du sentiment général à l'égard des technologies émergentes. Cependant, les véritables avancées empruntent rarement des trajectoires directes, mais plutôt une série de cycles d'engouement qui prennent chacun une certaine ampleur (voir la section « Minorité intransigeante » : théorie de la diffusion de l'innovation).

Alors que nous assistons à ces explosions cycliques d'utilisateurs, de capitaux, de développeurs et de produits, rien ne remplace l'avantage que procure la conviction à long terme, fruit d'une véritable curiosité et d'une expérimentation directe.

« Les premiers acheteurs d'un cycle d'engouement de Gartner ont généralement une forte conviction quant à la nature transformatrice de la technologie dans laquelle ils investissent. »

- VIJAY BOYAPATI

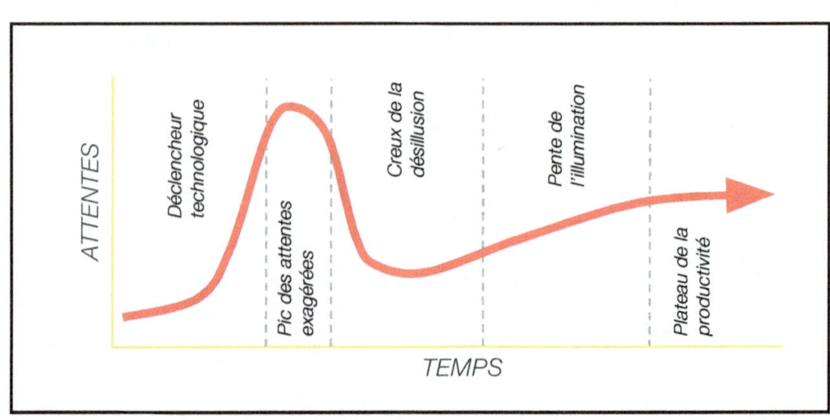

CYCLE D'ENGOUEMENT DE GARTNER

LA LOI D'AMARA

Nous nous enthousiasmons naturellement pour les nouvelles technologies qui pourraient améliorer notre niveau de vie ou nous permettre de réaliser des choses auparavant impossibles. Nos attentes prennent alors le dessus sur la réalité. Les nouvelles technologies mettent du temps à se développer, à se stabiliser et à devenir suffisamment intuitives pour permettre leur large adoption (requise pour l'apparition des effets de réseau).

La loi d'Amara, quant à elle, met en avant notre façon de penser de manière linéaire alors que le processus de commercialisation de l'innovation est tout sauf linéaire !

« Prévoir l'évolution technologique est presque impossible et personne – oui, personne – n'est expert en la matière. La seule ligne de conduite raisonnable consiste à se méfier du battage médiatique initial, tout comme du scepticisme ultérieur. »

- MATT RIDLEY

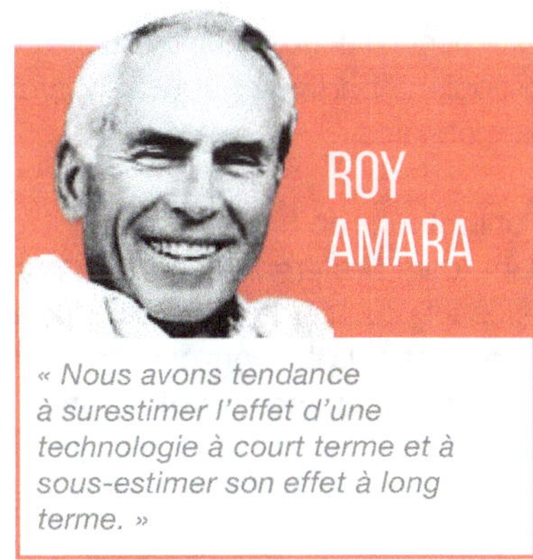

« Nous avons tendance à surestimer l'effet d'une technologie à court terme et à sous-estimer son effet à long terme. »

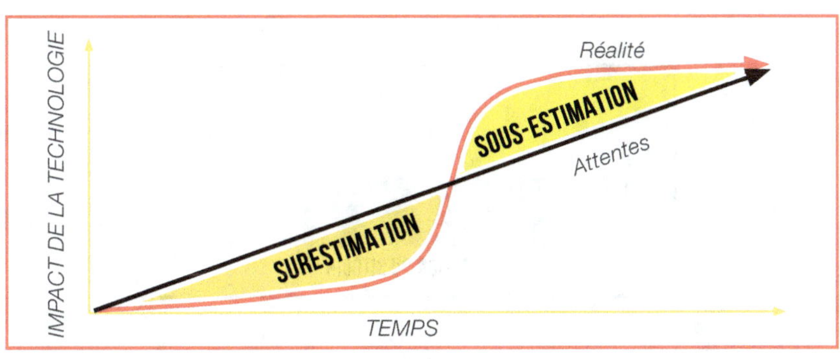

MINORITÉ INTRANSIGEANTE

Situation où quelques individus déterminés et inflexibles ont la capacité de façonner les préférences de la majorité, en refusant de se soumettre au statu quo.

Popularisé par Nassim Taleb dans son livre de 2018, *Jouer sa peau : Asymétries cachées dans la vie quotidienne*, ce concept met en évidence la vitesse à laquelle un changement à l'échelle d'une société peut se produire à partir de débuts apparemment modestes.

Les utilisateurs de bitcoin imposent lentement leurs préférences sur le marché en refusant d'utiliser la monnaie fiduciaire dans leurs calculs économiques, en raison de l'imprévisibilité de son offre totale en circulation.

Afin de répondre aux besoins grandissant de ces utilisateurs, des produits et des services ont été développés, ce qui a favorisé l'adoption de bitcoin. C'est finalement de cette manière que toutes les innovations sont adoptées (c'est la théorie de la diffusion de l'innovation).

« Si une infime minorité partage la conviction que bitcoin dispose de propriétés monétaires supérieures et refuse une devise numérique (ou traditionnelle) donnée comme monnaie, alors que des acteurs du marché moins convaincus acceptent à la fois le bitcoin et d'autres monnaies, la minorité intolérante l'emporte. »

- PARKER LEWIS

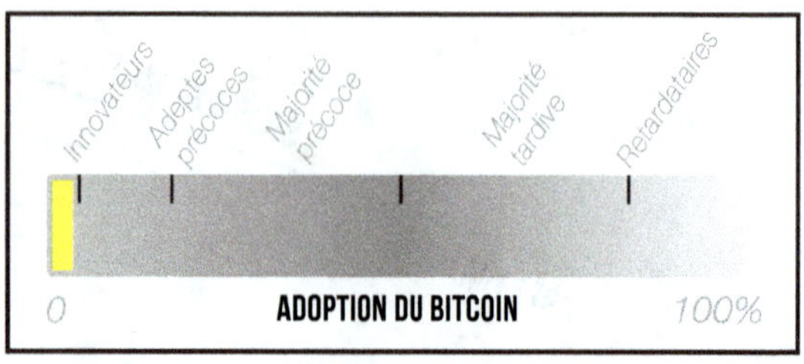

THÉORÈME D'INÉQUIVALENCE

S'appuyant sur le théorème de l'équivalence de l'économiste David Ricardo, Davidson et Rees-Mogg proposent qu'à mesure que les nations souveraines poursuivent l'émission de dettes à un rythme accéléré, ceux qui en ont les moyens chercheront à émigrer pour éviter le déclin sociétal anticipé et la hausse des impôts et taxes requise pour rembourser ces dettes.

« Les gouvernements qui, historiquement, ont trop accablé leurs contribuables d'impôts… ont inévitablement disparu. »

- NICK SZABO

Bitcoin met le capital à l'abri de la dilution, le rend véritablement mobile et extraordinairement difficile à confisquer, ce qui donne à l'individu un moyen de pression sur les régimes autoritaires et socialistes.

JAMES DALE DAVIDSON & WILLIAM REES-MOGG

« À l'ère de l'information… l'individu rationnel n'acceptera pas la perspective d'une augmentation des impôts pour financer les déficits. Les individus souverains et autres personnes rationnelles fuiront les pays endettés ayant un fort taux d'imposition. »

« S'IL Y A UNE ÉCHAPPATOIRE, CETTE ÉCHAPPATOIRE SERA UTILISÉE ! »

- CHRISTINE LAGARDE

"

L'EFFET D'AMNÉSIE DE GELL-MANN

Constater des erreurs dans le reportage d'un sujet, tout en se fiant à la même source dans des domaines où l'on est moins bien informé.

Qu'un journal divulgue des informations inexactes à propos d'un sujet que l'on maîtrise bien est certes assez frustrant. Mais ce signal devrait constituer un avertissement quant au niveau général d'exactitude dans tous les autres domaines abordés par ce journal.

Au premier abord, bitcoin est complexe et cela en fait une cible facile pour la presse à scandale. Mais puisqu'il s'agit d'un outil de communication à code source ouvert, les tentatives de prédiction ou les jugements moralisateurs qui lui sont portés devraient susciter la méfiance des lecteurs.

MICHAEL CRICHTON

« Vous ouvrez le journal et consultez un article portant sur un sujet que vous connaissez bien... et vous voyez que le journaliste ne comprend absolument rien ni aux faits ni aux problèmes... et vous continuez à lire comme si le reste du journal était comme par magie plus exact... »

Newsweek

Le minage de bitcoin en passe de consommer toute l'énergie mondiale d'ici 2020

ANTHONY CUTHBERTSON 11 DÉC. 2017

« La presse se trompe généralement sur les choses qui sont :
- *trop nouvelles ;*
- *trop techniques ;*
- *trop multidisciplinaires ;*
- *nuisent à trop d'intérêts ;*
- *suscitent trop d'intérêt ;*
- *les choses... en général. »*

- GIACOMO ZUCCO

L'EFFET LINDY

Théorie selon laquelle l'espérance de vie d'une chose non périssable est proportionnelle à son âge actuel. Plus une chose a survécu longtemps, plus la probabilité qu'elle continue à survivre augmente.

Bitcoin compte maintenant plus d'une décennie de maturité. Bien que cela puisse paraître insignifiant dans l'histoire monétaire, c'est significatif pour un réseau numérique, et sans précédent pour un réseau monétaire numérique non souverain.

L'effet Lindy (alias la loi de Lindy) nous permet d'envisager la probabilité de l'existence continue de bitcoin. Au fur et à mesure que des blocs sont produits et que des transactions sont réglées, la confiance dans l'immuabilité du réseau augmente. Ainsi, un cycle positif est créé et se renforce au fil du temps, avec de plus en plus de personnes stockant une partie de leur patrimoine en bitcoin.

« Chaque jour qui passe où bitcoin ne s'est pas effondré à cause de problèmes juridiques ou techniques apporte de nouvelles informations au marché. Cela augmente les chances de succès de bitcoin et justifie un prix plus élevé »

- HAL FINNEY

« Quelle que soit la longévité de l'œuvre d'une personne, elle se prolongera en moyenne d'une durée supplémentaire égale. »

$$x = 2y$$

x = ESPÉRANCE DE VIE
y = ÂGE ACTUEL

L'EFFET LINDY

« L'innovation a le pouvoir de détruire l'effet Lindy. Seul un changement de paradigme justifie la dépense de temps et d'énergie nécessaire pour effectuer la longue et lourde transition d'un protocole à un autre. Les cycles Lindy des technologies successives peuvent se chevaucher temporairement, pendant la phase d'adoption de la technologie de la génération suivante. »

- WILLEM VAN DEN BERGH

3 494

JOURS PASSÉS DEPUIS LA DERNIÈRE PANNE DU RÉSEAU BITCOIN.

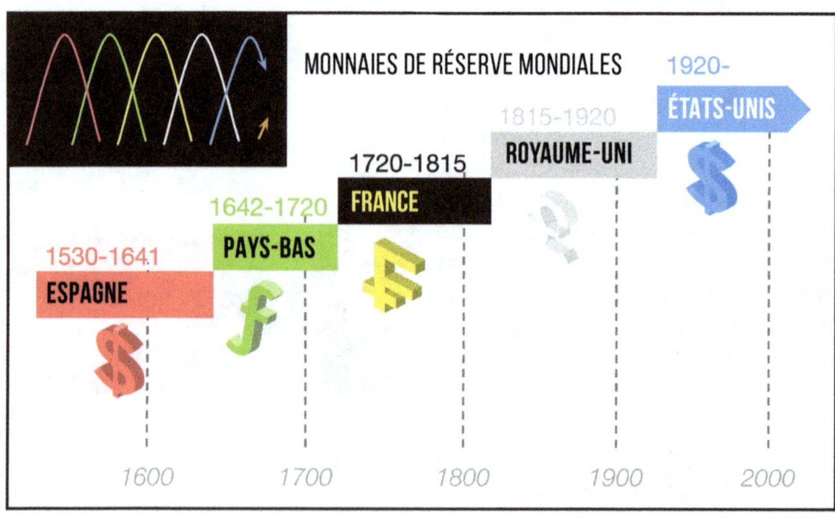

ÉMERGENCE

Lorsque de nouvelles structures dynamiques naissent de l'interaction de différents éléments et s'auto-régulent.

Les différents éléments présentés dans le livre blanc de bitcoin fonctionnent de concert comme décrits initialement. Quant aux effets d'ordre supérieur et autres comportements incités, ils sont totalement imprévisibles.

« Le statut monétaire est un produit spontanément émergent de l'action humaine… et non quelque chose de conféré par de quelconques débats académiques, planifications rationnelles ou mandats étatiques. »

- SAIFEDEAN AMMOUS

Bitcoin exploite de nombreux outils et technologies qui stimulent les incitations économiques, tels que les fonctions de hachage, les arbres de Merkle et le mécanisme de consensus par preuve de travail, ce qui en fait une monnaie de plus en plus redoutable au fil du temps.

JAMESON LOPP

« Bitcoin n'est pas sorti de nulle part – il est le résultat de décennies de travail. De nombreux projets de monnaie numérique ont échoué avant sa réussite. Comprendre comment nous en sommes arrivés là aidera à comprendre où nous allons. »

L'EFFET LINDY

Il est peu probable que la monétisation du bitcoin progresse de manière ordonnée car il y a de nombreuses variables à prendre en compte. Comme la connaissance se diffuse de manière inégale, plusieurs utilisateurs se trouveront simultanément à différentes étapes du processus.

« Bitcoin est actuellement en train de passer de la première étape de monétisation à la deuxième étape… Aujourd'hui, personne n'a jamais connu la monétisation d'un bien en temps réel (comme c'est le cas avec bitcoin), et l'on dispose donc de très peu d'expérience quant à la manière dont cette monétisation va se dérouler. »

- VIJAY BOYAPATI

OBJET DE COLLECTION › RÉSERVE DE VALEUR › MOYEN D'ÉCHANGE › UNITÉ DE COMPTE

L'EFFET STREISAND

Tenter de cacher, de supprimer ou de censurer quelque chose a pour conséquence involontaire d'attirer l'attention du public.

En 2003, la chanteuse Barbra Streisand a cherché à supprimer d'une page web publique une photo aérienne de sa résidence à Malibu. Une action en justice contre le photographe a permis d'attirer l'attention du public et d'obtenir plus de 400 000 vues supplémentaires de l'image. Auparavant, l'image n'avait été téléchargée que six fois.

Nous assistons régulièrement à l'effet Streisand chaque fois qu'un gouvernement tente d'interdire ou de dissuader d'utiliser bitcoin. En tant que réseau véritablement décentralisé, l'interdiction de bitcoin ne fait que révéler les limites du pouvoir gouvernemental.

À une époque où la dépréciation de la monnaie s'accélère, les gouvernements qui mettent en avant les défauts perçus do bitcoin ne font que susciter un plus grand scepticisme à l'égard du système fiduciaire existant. Heureusement, nous disposons désormais d'un instrument universel, à l'abri des menaces ou des actions gouvernementales, qui reflète la valeur marchande en temps réel des monnaies fiduciaires.

« Bitcoin a été interdit à de nombreuses reprises dans certains pays, et pourtant, aujourd'hui, son adoption dépasse celle d'internet. »

- ALYSE KYLEEN

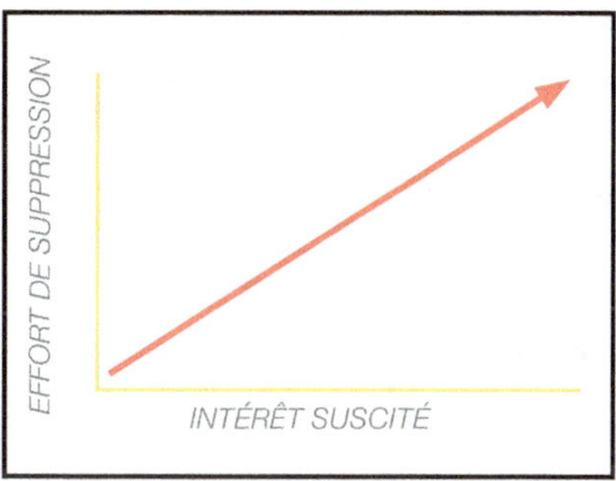

ALÉA MORAL

Une personne ou une entité qui a le devoir de servir les intérêts des autres, mais qui est incitée à donner la priorité à ses propres intérêts.

Les institutions ou les individus n'étant pas contraints de faire face aux conséquences de leurs décisions verront inévitablement une augmentation déraisonnable de leur appétit pour le risque.

Bitcoin permet de revenir à un système de pleine responsabilité. Vérifier l'offre en circulation et le calendrier d'émission est trivial. Aucune faveur ne peut être accordée, quel que soit le participant.

« Le capitalisme sans faillite, c'est comme le christianisme sans l'enfer ».

- FRANK BORMAN

Nous en avons vu la démonstration à plusieurs reprises lors de chacune des crises financières modernes par la mise en place de plans de sauvetage financés par les contribuables au nom d'un risque systémique trop important. Des actions rendues possibles grâce aux incitations mal alignées créées par un système fiduciaire centralisé.

« La centralisation entraîne généralement des risques sérieux de monopolisation, de corruption, d'exclusion et d'abus... »

- GIACOMO ZUCCO

SATOSHI NAKAMOTO 🚫

« Le problème fondamental de la monnaie fiduciaire est la confiance qu'il faut lui accorder pour qu'elle fonctionne. Il faut faire confiance à la banque centrale pour ne pas déprécier la monnaie, mais l'histoire des monnaies fiduciaires est pleine d'abus de confiance. »

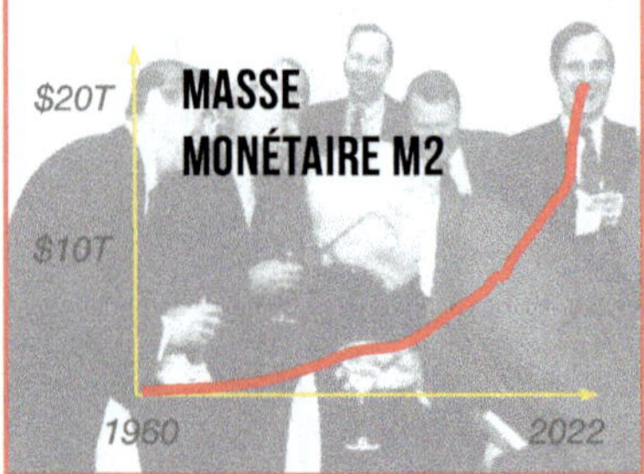

ALÉA MORAL

RISQUE DE CONTREPARTIE

La probabilité qu'une partie manque à ses obligations dans le cadre d'une transaction.

La majeure partie des transactions financières numériques nécessitent aujourd'hui une relation avec une entité réglementée (institution, plateforme ou dépositaire). Ces entités jouent le rôle de contreparties chargées de faciliter l'activité économique pour le compte des clients.

La présence d'une contrepartie dans une transaction introduit certains risques dans l'équation. Il s'agit principalement du risque de défaillance (manquement aux obligations de livraison ou de règlement). Et si la probabilité d'un tel risque est relativement faible, ses conséquences peuvent être catastrophiques.

Les événements imprévisibles conduisent à des actions inattendues, en particulier sur les marchés financiers.

La confiance dans la monnaie fiduciaire sera toujours liée à la viabilité du gouvernement actuel. Même si la monnaie fiduciaire est émise pendant une période de stabilité relative et de solvabilité apparente, elle peut toujours se détériorer à l'avenir (ou même dans le présent).

Bitcoin étant dépourvu d'une autorité centrale d'émission, cela élimine le risque de solvabilité ainsi que le risque de contrepartie. Puisqu'il est aisé de le détenir et de le conserver soi-même, il rend superflu le recours à des contreparties comme dépositaires grâce à son réseau pair à pair.

NIK BHATIA

« Penser en termes de couches (ou strates) permet de réfléchir à la hiérarchie naturelle de la monnaie, où les instruments monétaires sont ordonnés de haut en bas par ordre de supériorité décroissante, plutôt que de les placer les uns à côté des autres sur des tableaux comptables. »

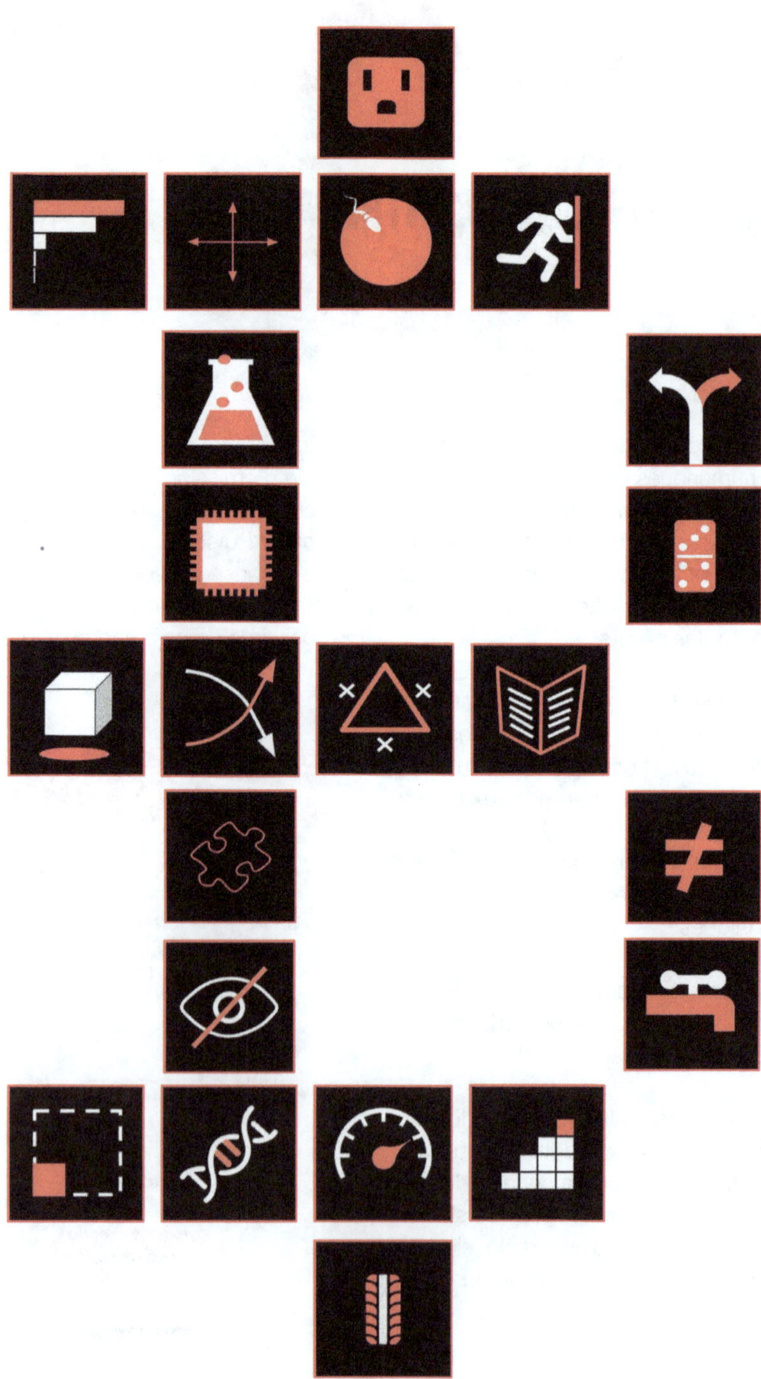

Lectures complémentaires

RARETÉ
Thomas Sowell, *"Is Reality Optional?: And Other Essays,"* 1993.
Vijay Boyapati, *"The Bullish Case for Bitcoin,"* 2018.

LA LOI DE GRESHAM
Robert Mundell, *"Uses and Abuses of Gresham's Law
in the History of Money,"* 1998.

L'EFFET CANTILLON
Richard Cantillon, *"Essai sur la Nature du Commerce en Général,"* 1755.
Jörg Guido Hülsmann, *"The Ethics of Money Production,"* 2008.

POINT DE SCHELLING
Nick Szabo, *"Money, Blockchains, and Social Scalabilit y,"* 2017.
Balaji S. Srinivasan, *"Bitcoin becomes the Flag of Technology,"* 2020.

COÛT D'OPPORTUNITÉ
Saifedean Ammous, *"The Fiat Standard,"* 2021.

TRIANGLE D'INCOMPATIBILITÉ
Robert Mundell, *"Capital Mobility and Stabilization Policy under Fixed and
Flexible Exchange Rates,"* 1963.

LE PARADOXE DE JEVONS
William Stanley Jevons, *"The Coal Question,"* 1865.
Vaclav Smil, *"Energy and Civilization: A Histo ry,"* 2017.

LOIS DU POUVOIR
Parker Lewis, *"Bitcoin, Not Blockchain,"* 2019.
Lyn Alden, *"Bitcoin: Addressing Misconceptions,"* 2020.

BIAIS DE L'UNITÉ
Vijay Boyapati, *"The Bullish Case for Bitcoin,"* 2018.

LES BIENS DE VEBLEN
Thorstein Veblen, *"The Theory of the Leisure Class:
An Economic Study of Institutions,"* 1899.

THERMODYNAMIQUE : 2ᵉᵐᵉ PRINCIPE

Gigi, *"Bitcoin's Eternal Struggle,"* 2019.
Gigi, *"Bitcoin is Time,"* 2021.
Claude E. Shannon, "*A Mathematical Theory of Communication,"* 1949.

LA LOI DE MOORE

Gordon Moore, *"Cramming more components onto integrated circuits,"* 1965.

ANTIFRAGILITÉ

Andreas M. Antonopoulos, "*The Internet of Money (Vol. I),"* 2016.
Nik Bhatia, *"Layered Money,"* 2021.
Nassim Taleb, *"Antifragile: Things That Gain From Disorder,"* 2012.
Giacomo Zucco, *"Bitcoin & the HOPF Cycle of the Internet,"* 2020.

LA LOI DE GALL

Allen Farrington & Big Al, *"Only The Strong Survive,"* 2020.
John Gall, *"Systemantics: How Systems Work & Especially How They Fail,"* 1977.
Parker Lewis, *"Bitcoin Is Not Too Slow,"* 2019.
Gigi, *"Implications of Outlawing Bitcoin,"* 2021.

CATALYSEURS

Ross Stevens, *"Stoneridge Shareholder Letter,"* 2020.

LE DILEMME DU PRISONNIER

Parker Lewis, *"Bitcoin Cannot Be Banned,"* 2019.
Chris Kuiper and Jack Neureuter, *"Research Round-Up: 2021 Trends and Their Potential Future Impact,"* 2022.

LA PREUVE SOCIALE

Luke Burgis, *"Wanting: The Power of Mimetic Desire in Everyday Life,"* 2021.

CERCLE DE COMPÉTENCES

Justin Kruger & David Dunning, *"Unskilled and unaware of it: How difficulties in recognizing one's own incompetence lead to inflated self-assessments,"* 1999.

CYCLE D'ENGOUEMENT DE GARTNER

Matt Ridley, *"Amara's Law,"* 2017.

III

MINORITÉ INTRANSIGEANTE
Nassim Taleb, *"Skin in the Game: Hidden Asymmetries in Daily Life,"* 2018.

THÉORÈME D'INÉQUIVALENCE
James Davidson ve William Rees-Mogg, *"The Sovereign Individual,"* 1997.
Nick Szabo, *"Schelling Out: The Origins of Money,"* 2002.

L'EFFET LINDY
Willem Van Den Bergh, *"On Schelling points, network effects and Lindy: Inherent properties of communication,"* 2018.

EMERGENCE
Saifedean Ammous, *"The Bitcoin Standard,"* 2018.
Tuur Demeester, *"The Bitcoin Reformation,"* 2019.

ALÉA MORAL
Parker Lewis, *"Bitcoin is a Rally Cry,"* 2020.
Nik Bhatia, *"Layered Money,"* 2021.

REMERCIEMENTS

Jeff Booth, **Saifedean Ammous,** Will Cole,
Cristian Keroles, Giacomo Zucco, **Vijay Boyapati,**
Cory Klippsten, **Gigi,** Parker Lewis.

« On ne change jamais les choses en luttant contre la réalité existante. Pour changer quelque chose, il faut construire un nouveau modèle qui rend le modèle existant obsolète. »

- BUCKMINSTER FULLER